이지메 해결의 정치학

いじめ解決の政治学

藤森毅 著

© 2013 藤森毅

이지메 해결의 정치학

2015년 9월 1일 초판 1쇄 발행

지은이	후지모리 다케시
옮긴이	홍상현
펴낸이	임두혁
편집	최인희 김삼권 조정민
디자인	토가 김선태

펴낸곳	나름북스
등록	2010. 3. 16 제2010-000009호
주소	서울 마포구 동교로 18길 31(서교동) 302호
전화	02-6083-8395
팩스	02-323-8395
이메일	narumbooks@gmail.com
홈페이지	www.narumbooks.com

ISBN   979-11-86036-06-8 03330

이지메
해결의 정치학

후지모리 다케시 지음

홍상현 옮김

나름북스

한국의 독자 여러분께

일의대수一衣帶水(옷의 띠만큼 좁은 강. '강이나 바다로 가로막혀
있으나, 그 사이가 결코 멀지 않다'는 의미. 중국 남북조시대 고사에
서 비롯된 한자성어다. 저자가 한국과 일본의 사이를 빗대어 인용한
말.—역자)라더니 제 책《이지메 해결의 정치학》이 이웃나라
말로 번역되었습니다. 한국의 독자 여러분께 마음을 담아
인사말씀 올립니다.

　지난 7월 모 대학 연구실에서 방학을 이용해 일본에 머
물고 계시던 한국 대학의 어느 교수님께 전후 일본 교육의
역사에 대해 제 부족한 소견을 말씀드릴 기회가 있었습니
다. 선생님께서는 일본어에 능통하신 것은 물론, 학자적인
명석함과 따뜻한 마음까지 겸비한 분이셨습니다.

자리를 마련해 준 것은 그 모 대학 교수로, 저와는 학창 시절부터 허물없이 지내고 있는 친구입니다. 제가 교육사 분야 전문가가 아닌데다 질문사항도 많다 보니 조금 두려운 마음이 들어 사양하려고도 했지만 "그냥 개관Overview 정도만 이야기하면 되지 않겠느냐"는 친구의 말에 고무되어(혹은 '낚였다'고도 할 수 있겠지요) 부끄러움을 무릅쓰고 선생님을 뵈었습니다. 예의를 중시하시는 선생님께서는 감사하게도 "정말 재미있어요. 제가 몰랐던 내용들이 많습니다"라며 제 이야기를 재미있게 들어주셨습니다.

그날 회식 자리에서 선생님께 한국의 이지메 사정에 대해 말씀해 주십사 부탁드렸습니다. 마침 동석한 유학생 분(박사과정)도 한국에서 초등학교 교사 생활을 한 경험이 있어 소중한 체험담을 들려주셨습니다.

한국의 이지메와 일본의 이지메는 무척 닮았습니다. 폭력·폭언, 무시, 성적인 이지메, 금품 갈취, 최근 확산된 인터넷상의 이지메에 이르기까지. 다만, 일본의 이지메는 피해자와 가해자가 단기간에 뒤바뀌는 사례가 빈번한 반면,

한국에서는 그런 일이 드물어 보였습니다.

그 자리에서 "스마트폰 등 새로운 도구가 등장하면 그
것을 이용한 이지메도 함께 출현하는 것 같다"는 등의 이
야기를 나누다 보니, 역시 어느 나라든 이지메를 둘러싼 상
황은 크게 다르지 않은 것 같다는 생각이 들었습니다. 지금
의 시대적 배경을 생각한다면 아무래도 이지메의 '지역차'
보다 '공통성' 쪽에 좀 더 무게가 실리는 것이 사실이니까
요. 실제로 저 자신도 이지메가 존재하지 않는 나라의 예를
들어본 적이 없습니다.

다만, 이지메의 방법과 대처에 있어서는 예상을 뛰어넘
는 차이가 있습니다.

특히 가해자 관련 대응이 그랬는데요. 한국에서는 이지
메 문제가 발생하면 가해자를 전학시키거나, 가해자는 물
론 그 보호자들까지 교육을 받게 한다고 들었습니다. 일본
의 경우 가해자에 대한 그런 식의 대응책이 딱히 제도화되
어 있지 않은 탓에, 결과적으로 가해자에 대한 대책이 취약
한 편입니다. 전학도 피해자가 어쩔 수 없이 가게 되는 경
우야 있지만 가해자가 가는 일은 없습니다. 다만 자살 사건

이 언론에 공개되어 보도가 과열됨에 따라 예외적으로 가해자가 프라이버시 보호를 위해 전학을 가는 사례만이 있을 뿐입니다.

이처럼 부실한 가해자 관련 대책의 이면에는 '이지메는 절대 안 된다'는 인식 자체가 취약한 사회현실이 자리 잡고 있습니다. 실제로 일본 사회에는 '당하는 쪽도 문제가 있다', '인간은 이지메를 딛고 강해진다' 등 가해자 쪽에 유리하게 작용할 수 있는 이지메에 대한 너그러운 시각이 존재합니다. 1986년 이후 일본 언론이 과열 보도하고 있는 자살 사건이 적어도 몇 년에 한 번 꼴로 일어나고 있지만 상황은 크게 달라지지 않았습니다. 교육기본법 개악이 강행된 2006년 국회 심의에서 당시 문부과학성 대신—그는 교토대학 철학과 출신의 보수논객이었습니다—이 "이지메를 당하는 쪽에도 문제가 있다"고 발언한 일이 떠오릅니다. 또한 제 아들이 이지메의 위협에 맞닥뜨렸을 당시, 제게 "아버님, 그런 경험이 자녀를 단련시켜 주는 측면도 있습니다"라고 아이 학교의 교장선생님—그 분은 꽃을 사랑하는 온화한 분이셨습니다—께서 말씀하신 일도 있었습니다. 저는 내심 폭력에 관대한 일본의 풍조가 일본이 벌인 침략전쟁, 그리고 식민지 지배의 역사와 연관되어 있지 않은가 하는 의혹을 떨칠 수가 없습니다. 인권감각이 결여된 구(舊)일본군에도 부조리하고 음험한 이지메가 만연해 있었기 때문입니다.

일본에서는 이렇듯 이지메에 대한 너그러운 시각과의 투쟁이 절실한 상황입니다. 하지만 생각해보면 이것이 비단 일본의 문제만은 아닐 것입니다. 정도의 차이야 있을망정 세계 공통의 과제라 할 수 있겠지요. 저의 책은 이러한 과제의 해결에 부족하나마 힘을 보태기 위해 쓰였습니다. 그런 의도에서 본문에서 확인할 수 있듯 국제적으로 저명한 정신과 의사, 나카이 히사오 선생의 이지메론에 주목하며 논의를 전개했습니다. '이지메는 고립화, 무력화, 예속화의 단계를 거쳐 인간을 노예로 만든다'는 분석이 그것입니다. 이는 어떤 이유에서든 이지메를 용납해서는 안 된다는 입장을 인간 정신의 구체적 양상에 근거해 제시하는 실로 뛰어난 분석입니다. 실제로 현장에서 상대방에게 이지

메의 단계에 대해 이야기하면 순식간에 표정이 달라지고
는 합니다.

이지메 관련 대응은 '학문적 체계'가 아니라 임상적으로 임
기응변이 가능한 '영혼의 기술'이어야 합니다. 저는 이것을
이지메 문제를 다루는 다양한 전문가와 이지메 사건 보호
자들을 거듭 취재하면서 깨달았습니다. 또한, 이와 관련해
서 제가 몰두한 것은 이지메로부터 아이들의 목숨을 구해
낸 사례들을 통해 교육이나 사회에 대한 각자의 생각차를
넘어, 다 같이 공유할 수 있는 방향을 구체적으로 모색하는
작업이었습니다. 이러한 저의 시도가 얼마나 성공을 거두
었는지에 대한 평가는 독자 여러분의 판단에 맡기고 싶습
니다.

　같은 맥락에서 일본의 양심적인 교육실천이 이지메 가
해자에 대한 깊은 시선과 관련을 맺고 있다는 것은 특히 주
목할 만한 점이 아닐까 합니다. 이는 실제로 상대방을 괴롭
히는 아이들 역시 그럴 수밖에 없는 나름의 고뇌를 안고 있
음을 이해하고 그들이 인간적으로 거듭날 수 있도록 도와

주는 실천으로 이어지기 때문입니다.

아이들이 받는 스트레스의 배경에는 빈부 격차의 확대라는 사회적 모순이 자리 잡고 있습니다. 약육강식의 경쟁사회가 가정을 황폐화시키는 가운데 교육도 정치적 지배층을 위해 날로 경쟁적·관리적인 면을 더해가고 있습니다. 이런 상황이다 보니 양심적인 교사들은 사회적 모순에 눈을 돌리지 않을 수 없습니다. 한국도 일본과 마찬가지로 신자유주의의 파괴적 영향으로 고통받고 있다고 들었습니다. 따라서 저는 이 책에 등장하는 이지메와 사회구조의 관계에 대한 제 분석이 한국의 독자 여러분들께 어떻게 받아들여질지 특별한 관심을 가지고 지켜보지 않을 수 없습니다.

저는 일본공산당 교육정책 담당부서의 책임자입니다. 그런 이유로 제 책이 한국에서 출판되는 이 시점에, 한국의 독자 여러분께 우리 일본공산당이 창당(1922년) 당시부터 일본제국주의에 목숨 걸고 반대하며 '침략 전쟁 반대'와 '조선의 해방'을 외쳤고, 소련공산당 등 참된 사회주의의 정신에서 벗어난 조류와 싸우는 한편, 북한의 무법적 태도에 대해서도 강력히 비판해온 정당이라는 사실, 또한 오늘날 일본 국내에서 '인민의 고난을 경감시키는' 일에 가장 큰 역점을 두고 활동하고 있는 정당이라는 사실 등을 이 지면을 빌어 소개하고 싶습니다.

마지막으로 졸저의 한국어판 출간을 결단해 주신 홍상현 선생님께 깊은 감사의 마음을 전합니다.

일흔 번째 광복절을 앞둔

2015년 8월 1일

후지모리 다케시

머리말

이지메 문제에 대한 생각을 정리해 봐야겠다고 결심한 것은 몇 년 전, 이지메에 의한 자살로 아이를 잃은 한 유족의 이야기를 직접 듣게 되면서부터였다. 무한한 가능성의 집합체인 한 아이가 죽음으로 내몰린 과정이란 실로 듣는 이의 몸과 마음을 얼어붙게 만드는 끔찍함으로 점철된 것이었다. 그 시점을 기준으로 조금씩 이지메 문제에 대한 무지를 깨우쳐갔다.

그렇게 느린 걸음을 한발씩 내딛고 있을 즈음, 시가 현 오쓰大津 시에서 시립중학교에 다니던 남학생이 이지메 때문에 자살하는 사건이 일어나 다시 일본 사회를 뒤흔들었다. 이에 필자가 일하고 있는 일본공산당 본부는 이지메 대책팀(이하 '대책팀')을 꾸렸고, 교육정책을 담당하는 필자도 팀에 합류하게 되었다.

대책팀은 이 문제를 '이미 결론이 내려진 사건'으로 보지 않고, 시작 단계부터 철저히 조사하기로 했다. 조사의 경험은 '고통 받는 이의 편에 선다'는 마음가짐을 다양한 각도에서 더욱 공고히 해주었다. 그 마음가짐이란 조금 투박하게 표현하자면 어떤 배타적 입장이 아니라 기도하는 심정에 가까운 것이었다.

그런 맥락에서 가장 절실하게 매달렸던 질문은 '어떻게 하면 아이들의 생명을 구할 수 있을까'였다. 이는 지난 30년간 필자 주변의 많은 사람들 역시 함께 매달려 왔던 문제이기도 한데, 그 배경에는 이지메에 의한 자살이 끊이지 않는 참혹한 현실이 있었다. 고민을 거듭한 끝에 우리는 한 가지 결론에 도달할 수 있었다. 생명을 구하는 데 성공했던 사례에 문제 해결의 열쇠가 있다는 것. 하지만 그런 사례는 이슈성이 약한 까닭에 매스컴으로부터 별로 주목을 받지 못한 채 묻혀버린다. 우리는 이러한 사례를 조명해 시사점을 짚어내고, '이 방향으로 노력한다면 생명을 구할 수 있을 것'이라는 확신 하에 현실적 방법론을 강구했다. 그 결과 〈'이지메' 없는 학교와 사회를─일본공산당의 제안〉이 세상에 나오게 되었다. 물론 이 결과물이 '금과옥조'일 수는 없다. 그저 한 가지 도달점이자 과정에 불과할 따름이니까. 다만, 분명한 것은 이 제안이 저 이름 없는 아이들의 눈물과, 가녀린 생명을 지키려 몸부림치는 애처로운 몸짓의 산물이라는 사실이다. 우리는 관념적 논의가 아니라 아이들의 소중한 생명이 걸린 현장에서 해답을 찾기 위해 노력했다. 우리의 바람이라면 단 하나, 현장에서 맞부딪히는 치열한 비판을 통해 보다 좋은 결과물이 나왔으면 한다는 것뿐이었다.

이 책은 이렇듯 이지메 문제 관련 정책에 관여해 온 필자가 특히 주안점을 두었던 내용들을 정리해 책으로 엮은 것이다.

앞머리에 등장하는 인터뷰는 책의 전체적 내용을 알아보는 데도 도움이 되겠지만, 제목에서 확인할 수 있는 바와 같이, 만약 내 아이가 이지메의 피해자, 혹은 가해자라면 어떻게 할 것인지에 대해 문제제기를 해보자는 의도에서 정리한 것이다.

이어서, 제1부는 일본공산당의 제안을 직접적인 주제로

다룬다. 굳이 말하자면 이 책의 핵심 내용이라고 할 수 있다.

그리고 제2부에서는 이지메를 화두로 다양한 문제가 논의된다. 이지메와 교사, 엄벌주의와 도덕주의, 이지메와 교육위원회, 이지메와 법률 등, 굳이 순서에 연연하지 않고 흥미로운 부분부터 읽어도 무방할 것이다.

이즈음에서 《이지메 해결의 정치학》이라는 책의 타이틀에 대해 나름의 해명을 하지 않을 수 없다. 지금껏 설명한 바와 같이 이 책은 정치학 관련 서적이 아니며, 그렇다고 이지메를 정치학적인 접근법으로 분석하고 있지도 않다. 그런데 왜 '정치학'일까? 바로 정신의학자 나카이 히사오中井久夫[1]의 〈이지메의 정치학〉이라는 논문에 경의를 표하려는 의도에서 비롯된 것이다. 〈이지메의 정치학〉은 이 책에서 그 내용이 소개되고 있기도 하지만, 이지메를 다룬 대단히 뛰어난 논문이다. 인간이라는 존재에 깊이 천착하는 그의 분석에 깊은 자극을 받았다.

---

[1]   나카이 히사오(1931~): 일본을 대표하는 정신의학자. 정신분열증Schizophrenia 치료의 권위자다. (※ 역자 주)

나카이 씨는 '이지메의 권력(타인을 지배하는 권력) 상황에는 반드시 정치학이 개입된다'고 말했다. 이지메에서 풍기는 권력의 냄새를 맡아낸 것이다. 그 자신이 제2차 세계대전 중에 유소년기를 보내며 심한 이지메를 당하다 죽음까지 생각했던 경험이 있어서일까. 또 이렇게도 생각했다. 이지메의 정치학이라는 것이 있다면, 그 이지메를 해결하는 정치학 또한 있지 않겠냐고. 다만 전자가 '파워 폴리틱스Power politics'적인 이미지라면, 후자는 '권력의 지배에 저항하는 정치'의 이미지라는 점에서 차이가 있을 것이다.

첨언하면, 이지메의 심각성이나 그와 관련한 대응 역시 교육정책을 비롯한 여러 가지 '정치'와 관련돼 있다. 이 책은 바로 그런 이지메의 정치적 측면에 천착한다.

이 책은 많은 분의 도움 속에 태어났다. 여러 기회를 통해 조사에 응해주신, 혹은 기꺼이 대화를 나눠주신 모든 분께 이 자리를 빌려 진심어린 감사의 말씀을 전한다. 책의 장정裝幀은 알파디자인의 시오다 아유미塩田歩未 씨가, 일러스트는 같은 회사의 이노우에 히이로井上ひいろ 씨가 맡아 멋지게 작업해 주셨다. 감사드린다.

　마지막으로 편집자로서 이 책의 제작에 임해주신 신일본출판사의 다도코로 미노루田所稔 씨께는 집필이 늦어지는 바람에 참의원 선거전을 치르며 작업을 진행하게 하는 큰 신세를 졌다. 참을성 있게 끝까지 함께해 주신 것에 대해 깊이 감사드린다.

　이 책이 이지메 문제로 고민하는 분들과 이지메 문제의 해결에 매진하고 있는 분들께 조금이나마 도움이 될 수 있다면 기쁘겠다.

2013년 8월 8일

후지모리 다케시

목차

    아이들의 생명을 우선으로

    이지메 대응의 기본 원칙 제안

    아이들은 말하지 않아도 알아차려 주길 바라고 있다

    이지메는 '인권침해이자 폭력'

    요구가 아닌 애정의 말을

    이지메를 저지르게 된 배경에 귀 기울이고, 인간적으로 거듭날 때까지

    힘이 되어 주는 교사·전문가는 반드시 있다

    '이지메 방지센터' 설립 제안

    삭막한 사회, 교육을 바꾸자

'이지메 문제에 대한 제안'에 관하여
: 만약 내 아이가 이지메당했다면?[2]

□ 이번 '제안'의 작성에 참가하면서 가장 주안점을 둔 것은 무엇입니까?

■ 아이들의 생명을 우선으로

한마디로 이야기하면 '생명 우선'입니다. 말뿐 아니라 실제적인 대응을 통해 이러한 이념이 관철되는 학교와 사회를 만들고 싶었습니다.

---

2 일본공산당은 2012년 11월 28일 〈'이지메' 없는 학교와 사회를〉이라는 제목의 제안을 발표했다(이 책 권말에 수록). 야마시타 요시키山下芳生 서기국장 대행을 책임자로 하는 이지메 문제 대책팀이 원안을 만들고, 필자도 그 팀에 문교위원회 책임자로서 참가했다. 이 제안이 발표된 후 잡지 《여성의 광장》과 인터뷰를 진행했고, 2013년 2월호에 기사가 게재되었다. 일문일답 형식으로 제안의 요점을 간결하게 소개하고 있으므로, 그 형태를 유지하면서 내용을 다시 한 번 정리한 것이 이 [인터뷰]다(문체는 정리 과정에서 경어체로 바꾸었다).

아이들의 이지메는 어른들이 눈치채지 못하는 사이에 이루어집니다. 게다가 어른들이 '무슨 일 있니?'라며 물어보더라도 '이지메는 아니'라고 대답하는 경우가 태반입니다. 비참한 상태를 인정하고 싶지 않을뿐더러 부모에게 걱정을 끼치고 싶지 않으니까요. 이지메가 인격적 종속관계로까지 발전해 있을 경우, 물어보는 부모에게 폭력을 휘두르면서까지 이를 부정하는 경우도 있습니다. 그러므로 이지메가 어떤 형태로든 어른들의 귀에 들어올 때는 이미 무척 심각한 상태라고 봐야 합니다.

하지만 이 경우의 일반적인 대응 패턴은 '명확한 사실 확인을 한 연후에'라든가 '일단 좀 상황을 두고 보자'는 것입니다. 그래서 돌이킬 수 없게 되는 경우가 있습니다. 생명을 구하려면 일단 '전해들은 것은 모두 사실'이며, '생명의 위험이 존재한다'는 단정 하에 움직여야 합니다. 사람을 벼랑 끝까지 몰고 가는 이지메의 가혹함에 대해 제대로 인지하고, 아이들의 안전에 대해 깊이 생각한다는 사고가 이 '제안'의 기저에 있다 하겠습니다.

□ 그런 관점에서 볼 때 '생명 우선'을 외면하는 교육위원회와 학교의 대응 사례가 너무 많지 않습니까.

■ 이지메 대응의 기본 원칙 제안

그렇습니다. '이지메'를 '싸움'이나 '트러블'로 취급하면서 '악수로 화해'시키거나, 사건이 일어나면 은폐하는 따위의 대응방식이 아직까지도 잔존하지요. 하지만 현장의 이야기를 듣고 아이들의 입장에서 해결하려는 노력을 거듭하는 분들의 사례를 알게 될수록 '어떤 학교에서든 생명 우선의 대응이 가능할 수 있는 여건을 조성하자, 반드시 해낼 수 있다'고 확신하게 됐습니다. 전국 각지의 학교에서 이지메를 없애고, 아이들의 생명을 구하는 경험이 축적되고 있음을 확인했기 때문입니다. 바로 이 지점으로부터 교육을 이끌어 낸다면 아이들을 지킬 수 있는 길이 열릴 것이라는 생각이 들었습니다.

우리는 그것을 학교와 행정당국의 '이지메 해결을 위한 기본 대응'으로 정리했습니다. 그것이 다음에 정리된 표입니다. 표 상단의 다섯 가지는 학교 현장에서의 대응, 하단의 네 가지는 행정의 대응과 관련한 내용입니다.

'이지메' 대응 - 제안의 골자

학교	생명우선	이지메 대응을 절대 뒤로 미루지 않는다
	정보	즉시 전 교직원·보호자에게 알리고 연대
	아이들	이지메를 그만두게 할 수 있는 인간관계 조성
	대응	안전 확보 + 이지메가 사라질 때까지 대응
	유족	이지메의 진상에 대한 알 권리 존중
행정	교육	교원에 권한 부여 : '업무 과중화' 해소, '이지메' 문제 연수 등
	거점	'이지메 방지 센터(가칭)' 설립
	법률	아이들이 안전하게 살아갈 권리 보장 등
	행정	수치목표화의 일소와 교원정책의 재검토

이를테면, 하찮게 보일지 모르나 전 교직원이 그 즉시 정보를 공유해서 신속하게 대응하고, 보호자들에게도 '지금 이지메가 일어났다, 현재 아이들의 상황과 변화에 대해 알려 달라'고 협력을 요청함으로써 교사와 부모가 함께 이지메에 대응할 것을 제안하고 있습니다.

이 '제안'의 방향은 각지의 경험을 취합한 것으로 '시안試案'의 성격을 지니고 있습니다. 이것을 계기로 전국의 보호자와 교직원, 그리고 많은 교육 관계자 여러분이 대화를 이어가고, 또한 그것이 발전되어가기를 바랍니다. 독자 여러분도 모임이나 간담회를 통해 교류하고, 거기서 나온 의견을 일본공산당에 보내주시면 대단히 감사하겠습니다.

□ **몇몇 엄마아빠들이 걱정하는 내용에 대해 질문하겠습니다. 우선 내 아이의 이지메를 최대한 빨리 알아채려면 어떤 것에 주의해야 할까요?**

■ **아이들은 말하지 않아도 알아차려 주길 바라고 있다**

방금 말한 것처럼 아이들은 좀처럼 이야기해 주지 않습니다. 단도직입적으로 '이지메당하고 있는 거 아니니?'라고 물어보더라도 결과는 마찬가지죠.

그러니 평소 아이들에게 관심을 가지고 아이들의 이야기를 잘 들어주는 것이 중요합니다. 하지만 또 그게 말처럼 쉽진 않습니다. 요즘 별로 식욕이 없다, 가방이 더럽혀져 있다, 걸핏하면 화를 낸다… 어떤 변화가 감지될 때 '뭔가 힘든 일이 있다면 얼마든지 들어줄게'라며 편하게 말을 걸 수 있는 관계가 중요합니다. 그런 말만으로도 아이들은 부모가 자신에게 관심을 가져주고 있다고 생각하며 안심하기 때문입니다. 아이들은 굳이 말하지 않더라도 누군가가 자신의 상태에 대해 알아차려 주기를 바라고 있습니다.

부모님들도 혼자 고민하지 말고 교사나 동료 학부모, 혹은 말하기 편한 상대 등에게 '우리 애가 요즘 풀이 죽어 있는데…'라며 말을 꺼낼 수 있어야 합니다.

□ 어디서부터가 '이지메'이고, 또 어디까지가 '이지메'가 아닌지, 그것을 구분하는 것 자체가 쉽지 않다는 의견도 있습니다.

■ 이지메는 '인권침해이자 폭력'

이지메는 장난이나 놀이 등과 점층적으로 연결되어 있는 것처럼 보입니다. 그것이 이지메의 특징 중 하나이며, 아이들도 '그냥 장난친 것', '놀이일 뿐'이라고 어필하는 경우가 많습니다. 하지만 그것은 대개 위장이지요.

물론 장난이나 농담이 다 이지메는 아닙니다. 이와 관련해서 정신과 의사 나카이 히사오 씨는 "가장 간단한 기준은 그것에 상호성相互性이 있는지의 여부"라고 말했습니다. 상호성이란 대등한 관계의 특성입니다.

이를테면 복도에서 스쳐지나갈 때 건성으로 '미안'하며 부딪히는 경우나 '프로레슬링 놀이'의 경우를 보면 어떤가요. 언제나 당하는 쪽은 약한 아이들입니다. 즉, 상호성이 없는 것입니다. 나카이 씨는 이지메에는 놀이 특유의 '심리적 해방감'이 없으며, 당하는 아이들이 설령 입은 웃고 있다 하더라도 눈에 웃음기가 없다는 예리한 지적을 하고 있습니다.

우리는 이지메란 그것이 어떤 형태를 띠더라도 결국 '인권침해이자 폭력'이라고 강조합니다. 인권침해라든가 폭력의 성격을 지니는 순간, 그것은 이미 장난이나 놀이가 아닌 이지메가 되어버리는 것입니다.

아이들에게는 심신의 안전을 보장받으며 살아갈 권리가 있습니다. 이지메는 바로 그 권리를 침해하는 것입니다. 예를 들어 사춘기가 된 아이들은 용모에 신경을 쓰기 시작합니다. 이를 조소하는 것은 사람의 마음에 상처를 입히는 인권침해입니다. 삶의 활력소인 유머Humor와는 다른 이야기입니다.

어쩌면 그런 '대수롭지 않은' 인권침해가 우리도 모르

는 사이 일상생활에 침투해 있는 건 아닐까요. 연예인이 등장하는 TV프로그램에서조차 그런 느낌을 받을 때가 많습니다. 그렇기 때문에 인권침해와 폭력에 대한 균형 잡힌 감각을 유지해야 한다는 것입니다.

□ **내 아이가 이지메당할 경우, 부모는 어떻게 개입해야 할까요.**

■ **요구要求가 아닌 애정의 말을**

부모자식 관계에는 정답이라는 것이 존재하지 않습니다. 일단은 자녀들이 안심하고 지낼 수 있도록 지켜주는 것이 가장 중요하겠지요. 이지메를 당하는 아이들은 대단히 괴로운 상태에 있습니다. 그럴 때 "무엇보다 중요한 건 네 몸과 마음의 안정이란다, 학교에 가지 않아도 돼, 시험이나 수업 몇 번 빼먹는다고 큰일 나지 않아, 내가 지켜줄게"라는 식으로 말해줄 수 있어야 합니다.

걱정이 된 나머지 그저 '이렇게 하면 이지메를 면할 수 있지 않을까'라는 식으로 말하는 것은 적절치 않습니다. '뭐든 까먹지 말고 좀 똑똑히 기억을 해서…' 운운하는 충고 또한 조금의 도움도 되지 않습니다. 이지메란 이지메를 하는 쪽에게 100% 잘못이 있기 때문입니다. 더욱이 "이런 타입의 인간이라면 폭력과 인권침해를 당해도 어쩔 수 없다"는 식의 논리는 있을 수 없습니다. 피해자에게 노력을 요구하는 것은 '저놈은 XX니까 이지메를 당하는 것'이라 선전하는 이지메의 동조자나 다름없는 행위인 것입니다.

아이들에게 필요한 것은 '좀 더 강해져야지'라든가 '힘 내', '신경 쓰지 마' 같은 '요구의 말'이 아닙니다. '힘들었겠구나', '나는 네 편이야', '제일 중요한 건 네가 안심하는 거야' 같은 '애정의 말', 그리고 '이 세상에서 이지메를 당해도 싼 인간은 단 한사람도 없어' 같은 '정의로운 말'입니다.

그리고 난 연후에 아이에게 어떻게 된 것인지 물어보시기 바랍니다. 그런 기본적인 배려나 관계도 없이 어른이 성급하게 행동에 나서면 아이의 입장이 난처해져 버리니까 말이지요.

어머니 자신의 케어도 중요합니다. '다른 집 아이들은 이지메당하지 않는 아이로 잘 자라고 있는데 왜 내 아이는…'하며 스스로를 탓하는 마음이 생길 수도 있기 때문입

니다. 이른바 '자기책임론'이지요. 어떤 방식으로 키워졌
든 간에 이지메를 당해도 괜찮은 아이란 단 한 사람도 없습
니다.

　이지메로 인한 '위기'를 어떻게 극복하느냐는 그 아이
의 일생이 걸린 중차대한 문제입니다. 저마다 바쁜 일상을
살고 계시리라 생각하지만, 부디 이 점을 명심해서 아이의
말에 귀를 기울여 줘야 할 것입니다.

□ **내 아이가 이지메를 한 경우에는 어떻게 해야 할까요.**

■ **이지메를 저지르게 된 배경에 귀 기울이고, 인간적으로**
　거듭날 때까지

　일단 '어떻게 우리 애가…'라는 생각이 들 것이고, 피해
자 보호자들의 분노 때문에 어찌할 줄 모르게 되는 경우도
있을 것입니다. 그럼에도 불구하고 중요한 것은, 내 아이
든, 상대방의 아이든, 아니 어떤 아이라도, 세상에 이지메
당해도 괜찮은 아이는 단 한 사람도 없다는 대원칙입니다.
일단은 냉정하게 사실관계를 파악합시다. 그리고 나서 유
감스럽게도 내 아이가 이지메를 했다는 것을 알게 된다면

피해자와 그 가족에게 진심어린 사죄를 해야 합니다.

그리고 내 아이에게 무엇이 중요한지에 대해 생각해 봅시다. 여기서 정말 중요한 것은 진로에 문제가 생기지 않을까가 아니라 진정 인간적으로 거듭날 수 있을 것인지의 여부입니다. 타인을 괴롭혀 쾌감을 느낀 경험이 불문에 부쳐지면, 그 아이의 일생에 그림자가 드리우게 됩니다.

우리는 '제안'에 '이지메를 하는 아이는 이지메를 하게 될 정도의 고민이나 스트레스를 안고 있습니다. 그 괴로운 상황에 공감하면서 아이 스스로 거듭날 수 있도록 해주는 애정이 필요합니다'라고 명시해 놓았습니다. 아이도 '이지메가 나쁘다'는 말에는 백번 수긍할 것입니다. 또한 그럼에도 불구하고 그렇게 할 수밖에 없었던 이유가 분명히 있을 것입니다. 거기에 가정적 문제까지 있는 상황이라면 아이뿐만 아니라 부모로서도 고쳐나가야 할 부분이 더해질 것입니다.

모든 아이는 마음속에 반드시 '진정 사람답게 살아가고 싶다'는 바람이 있습니다. 이 점을 신뢰하며 아이가 자신이 저지른 행동을 직시해 이지메를 그만두고, 새롭게 성장하는 전기를 마련할 수 있도록 교사, 전문가 등이 힘을 모아 노력해야 할 것입니다.

□ 담임교사가 제대로 대응하지 못하는 경우, 어떻게 해야 할까요.

■ 힘이 되어 주는 교사·전문가는 반드시 있다

이지메에 대한 지도란 결코 간단한 일이 아닙니다. 이런 문제에 제대로 대응할 수 있는 교사라면 좋겠지만, 권위주의적 시각을 가진 교사일 경우 모두의 앞에서 큰소리로 혼을 내며 이지메를 한 아이에게 표면적인 반성을 요구하는 일로 끝내 버리는 최악의 결말을 이끌어낼 수도 있습니다. 그런 장면을 보고 '절대로 선생님과 상담하지 말아야겠다'고 생각하게 되는 아이도 있습니다.

하지만 힘이 되어 주는 교사들도 분명히 있지요. 그렇게 포기하지 않고 계속 이야기를 거듭한 결과, 교사도 함께 사태를 파악해 일이 해결됐던 경우도 있다는 말입니다. 학교에서 '이 선생님이라면'이라는 믿음을 주는 교사를 찾아 상담을 해보면 어떨까요. 이를테면 보건실 교사의 경우 이지메에 대해서도 잘 알고 있고, 아이들의 심리에 대한 지식도 있어 무척 의지가 될 수 있을 것입니다. 상황이 여의치 않다면 다른 학교의 교사와 상담하는 것도 나쁘지 않을 것입니다.

좀처럼 해결점을 찾기 힘든 경우라면 아동상담소나 임상심리사, 변호사 등과 같은 전문가들의 힘을 빌리는 것도 좋습니다. 교육문제 관련 시민단체도 힘이 되어줄 수 있습니다.

또한 '제안'에는 교원을 늘려 교사들이 이지메에 좀 더 적극적으로 대처할 수 있도록 노동조건을 개선해야 한다는 지적과, 교사들에게 이지메에 대한 내실 있는 연수를 보장해야 한다는 내용 등도 포함되어 있습니다.

'곤란할 때는 공산당'이라는 말도 있듯이, 이런저런 시도를 해봐도 좀처럼 문제가 해결되지 않는다면, 지역 공산당 의원이나 사무소에 연락하십시오. 설령 이지메 문제의 전문가가 없다 하더라도 문제 해결을 위해 가족처럼 협력하는 자세에 우선 안심할 수 있을 것이고, 여러 가지 네트워크 또한 확보되어 있으므로 혼자 고민하는 것보다는 훨씬 많은 길을 찾을 수 있을 것입니다.

□ '제안'을 보면 이지메 방지센터에 관한 내용이 있던데요.

■ '이지메 방지센터' 설립 제안

극히 심각한 이지메의 경우 학교나 개별 전문가 차원의 해결이 힘들 때도 있습니다. 이럴 경우, 관련 기관의 체계적인 대응이 필요합니다.

어느 초등학교에서는 이지메를 하는 집단이 음식 알레르기가 있는 아이에게 알레르기 물질을 먹이는 사건이 있었습니다. 발작을 일으켜 병원에 옮겨진 경우나, 교사가 아이들에게 공격을 당해 앓아눕게 된 경우도 있었지요. 하지만 가해자 부모들은 '이지메가 아니라 장난이었다'면서 오히려 '피해자만 싸고돌지 말라'고 학교를 압박했습니다.

가해자 부모들이 이렇게 결속해 있을 경우, 학교가 아이들에게 정확한 사정을 들어보려 하면 '내 아이에게 무슨 짓을 하는 거냐'며 변호사를 대는 일마저 일어날 수 있습니다.

이렇게 지극히 곤란한 사례에 대한 상담을 진행하고 개입할 수 있는 전문역량을 가진 센터를 정부가 책임지고 설립해야 합니다. 의료, 법률, 심리, 사회보장 등 각 분야의 뛰어난 전문가들이 모여 있으며, 자율성을 확보하고 있는 탁월한 역량의 센터가 존재한다면 전국의 학부모, 그리고 교사들에게 큰 힘이 될 것입니다. 세계적 차원에서도 많은 나라가 이지메 문제로 고민하고 있는 것이 현실이므로, 이러한 해법은 국제적인 이지메 대책에도 공헌할 수 있을 것입니다. 센터를 전국에 몇 군데나 설치할 것인가 등의 구체적인 부분은 전문가들로부터 의견을 수렴해 결정하면 될 것입니다.

□ '제안'을 보면 이지메가 심각해진 사회적 요인에 대해 언급하고 있습니다만.

■ 삭막한 사회, 교육을 바꾸자

예전만 해도 이지메가 이렇게까지 심각한 사회문제는 아니었습니다. 그런데 왜 이렇게 된 것일까요. 아이들 자체가 아니라 그들을 둘러싼 환경이 격변했기 때문입니다. 교육과 사회, 이에 영향을 받는 가정. 이러한 측면에 주목하지 않는다면 근본적인 변화를 기대하기 힘들겠지요.

경쟁이 심화된 사회를 보면서 부모들은 내 아이가 '승자 그룹'에 들어가야 한다는 압박감을 느낄 수밖에 없습니다. 제 어린 시절만 해도 보통 아이들이 학원에 다니는 것은 초등학교 3학년 무렵부터였지만, 지금은 만 세 살짜리 아이들도 학원에 다니는 경우마저 있지 않습니까. 보습학원에 다니는 아이들도 요 십수 년 사이 배로 늘었습니다. 그렇게 숨 돌릴 틈도 없이 이곳저곳으로 바쁘게 뛰어다니는 아이들이 늘고 있습니다.

친구들과 마음껏 놀 수 있는 시간은 줄어들고, 어릴 적부터 '능력이 있다·없다', '인기가 있다·없다' 등의 평가에 노출되는 아이들. 그러니 인간관계에도 변화가 일어날 수밖에 없지요. '제안'을 준비하던 과정에서 아이들에게 '친구에게만은 속내를 털어놓을 수 없다'는 이야기까지 들었습니다. 친구를 필요로 하면서도 '교우관계'의 겉모습에 신경을 써야 한다니, 참으로 안타까운 일입니다.

많은 아이가 이런저런 것들을 억누르면서 인간관계 또한 미묘하게 맺고 있는 환경이라면 이지메가 일어나기 쉬울 수밖에 없고, 이를 제어할 힘 또한 약할 수밖에 없습니다.

'사회 변화'라는 측면에서 보면, '구조개혁'의 이름으로 등장한 신자유주의에서 비롯된 문제가 큰 영향을 미쳤을 것이라 생각합니다. 빈부 격차가 확산되고 노동은 비인간화되어버렸지요. 인간적인 연대가 약해지는 가운데 약하거나 일이 더딘 사람들이 공격당하는 풍조 또한 강해졌습니다. 문화적으로도 연예인을 괴롭히거나 곤란한 상황 속으로 밀어 넣고 웃음을 유도하는 방송 프로그램이 판을 칩니다. 어떤 의미에서 보면 사회 전반에서 '이지메 사회'의 경향이 강해지고 있는 것입니다. 이런 사회이다 보니 가정적으로도 여유가 없어지고, 아이들이 궁지로 내몰리게 되는 것입니다.

이와 같은 현상을 각 가정의 문제로 돌리지 않고 사회나 교육의 존재양태와 관련된 문제로 파악해서 삭막한 사회와 교육을 바꾸고 더불어 사는 기쁨을 모두가 만끽할 수 있는 사회, 그런 교육을 만들자는 것이 바로 우리 제안의 취지입니다.

1부

이지메 없는
학교와 사회를

1

이지메는 '인권침해이자 폭력'

이지메에는 매우 다양한 측면이 있다. 이지메는 아이들의 성장과정에서 일어나지만 그것은 또한 아이들의 역학관계 속에서 일어나기 때문에 단순한 다툼과 구별되며, 그 배경에 스트레스가 있기에 학교나 가정, 더 나아가서는 사회 본연의 상태와 연관된다. 역사적으로 보더라도 이지메는 이미 오래전부터 존재했으며, 일본뿐만 아니라 많은 나라에서 고민하는 국제적 문제이기도 하다.

이토록 이지메가 다양한 측면(규정성)을 지니는 것은 그와 관련한 많은 논의가 존재하면서도, 때로는 그 논의를 한데 모으는 것이 불가능하다는 근거가 되기도 한다.

하지만 그렇다 하더라도 그 다양한 규정規定 가운데 가장 중요한 것이 무엇인지 묻는다면 망설임 없이 '어떠한 형태이든 간에 분명한 인권침해이자 폭력'이라는 점을 꼽을 것이다. 물론 '인권침해이자 폭력'이라는 말은 대단히 광범위한 규정인 까닭에 그것만으로는 이지메의 구성요건을 파악할 수 없다. 그러나 이지메의 실태와 마주했을 당시, 바로 이 규정에 핵심이 있다는 것을 실감할 수밖에 없었다.

'살아있는 것이 신기할 정도'

일본공산당은 그 폐해가 날로 심각해지는 이지메 문제 관련 정책을 검토하기 위해 이지메의 실태 관련 청취조사를 진행했다. 그 과정에서 조사에 참여한 모두의 가슴을 무겁게 했던 것은 사람을 궁지로 몰아넣는 이지메의 가혹함이었다. 이 부분을 애매하게 넘어간다면 이지메에 관한 모든 것이 애매해질 수밖에 없을 것이다.

청취조사와 관련한 한두 가지 예를 이야기해 보면 이런 식이다(관련 인물의 신상 보호를 위해 일부 수정이 포함돼 있다).

어느 남자 고등학생이 초등학교 시절부터 이지메를 당했는데, 특히 이지메하는 아이들이 준비물을 화장실에 내다버리는 일이 잦았다. 심지어 다른 친구들이 지켜보는 가운데 자위행위를 강요받는 성적인 이지메까지 당했다. 피해자의 부모가 이 사실을 알게 되어 학교에 조치를 호소했지만, 아무런 변화도 일어나지 않았다. 결국 그렇게 이지메를 참으며 등교를 계속하던 피해자는 한계점에 다다랐고, 정신과 치료를 받기 시작했다. 하지만 학교는 '요즘 정신과 치료를 받는 학생이 그리 드문 것도 아니'라는 실로 믿기 힘든 반응을 보일 뿐이었다. 이윽고 피해자는 자살충동을 억제할 수 없는 단계에까지 이르러 정신과 병동에 입원하게 됐고, 입원 중에 몇 번이나 벽에 머리를 짓이겨 피투성이가 되었다. '살아있는 것이 신기할 정도'라던 그 부모의 말을 잊을 수가 없다.

어느 초등학생의 경우 '알레르기 때문에 메밀국수를 먹을 수 없다'는 담임교사의 소개가 이지메의 원인이 되었다. 가해자들은 사람이라면 누구나 메밀국수를 먹을 수 있으며, 메밀국수를 못 먹으면 인간이 아니라는 '구실'을 만들어, 교사가 자리를 비울 때마다 이지메를 거듭했다. 심지어 친구들 앞에서 피해자의 옷을 벗기는 짓까지 서슴지 않았다. 피해자의 보호자가 이 사실을 학교에 알림에 따라 담임교사가 조치를 취하려 했지만, 이번에는 오히려 가해 학생들의 부모들이 '아이들끼리의 일에 너무 과민 반응하는 것 아니냐'고 항의해 사태가 악화되었다. 끝내 사태는 '저 집 부모들은 아이를 너무 싸고돈다', '교육방식이 잘못되었다' 등의 소문이 퍼지면서 피해자와 그 부모가 고립되는 것으로 귀결됐다.

물론 이런 심각한 이지메가 아니라도 사람은 소소한 문제로 얼마든지 깊은 상처를 입을 수 있다.

어느 고교생은 중학교 시절 같은 학급 친구와 특별활동반 동료들에게 외모에 관한 놀림을 받았다. 그 이상도 이하도 아니었으며, 그나마 자주 있는 일도 아니었다. 부모는 걱정했지만, 딱히 정도가 심해지거나 피해자가 친구들에게 따돌림을 당하는 것도 아니었다. 상황이 그렇다 보니 피해자 본인이 괴로워하는데도 딱히 해결의 묘안을 찾을 수가 없어, 부모는 그저 '신경 쓰지 말라'는 말밖에 해줄 수 없었다. 피해자는 '식욕도 없어지고 학교에 다니기 힘들었다, 정말 싫었다'며 당시를 회고했다. 사춘기란 인간에게 있어 '추한 자신'과 '아름다운 자신'의 사이에서 고민하다 궁극적으로 '있는 그대로의 내가 좋다'는 자기긍정의 감정을 형성하게 되는 중요한 시기다. 이 과정에 대한 방해는 대단히 심각한 상처로 남게 된다.

이지메란 피해를 입을 당시에 고통스러울 뿐만 아니라 그 후의 인생이 바뀌어 버릴 수도 있을 만큼 크나큰 마음의 상처를 남긴다는 점 또한 잊어서는 안 될 것이다. 심각한 이지메를 당한 피해자는 '친구들과 함께 있어도 언제 배신당할지 모른다'며 친구관계 형성을 주저하게 된다. 한발 더 나아가 '사람이 많은 장소에 가면 가슴이 답답해진다'면서 인간관계 맺기나 사회진출 자체를 하지 못하게 되는 경우도 있다. 심지어 제2차 세계대전 이전, '국민학교' 시절에 받은 마음의 상처를 지금까지도 치유하지 못해 고통스런 노년을 맞게 된 사람도 있다.

그리고 이지메를 하던 아이는 사람을 궁지에 몰아넣고 고통받는 모습을 보며 쾌감을 느끼는 비뚤어진 인성의 소유자로 자란다. 그대로 성인이 될 경우 이지메의 기억은 어두운 그림자가 되어 그의 가정과 직장생활에까지 영향을 끼친다. 이렇듯 이지메는 주변에서 그것을 부추기는 아이들, 혹은 피해자를 둘러싸고 이지메의 현장을 지켜보는 아이들에게까지 어두운 그림자를 드리우는 것이다.

어른들은 모르는 '이지메의 현실'

청취조사를 통해 실감한 것은 어른들이 각자 가지고 있던 이지메에 대한 고정관념을 버리고 오늘날의 이지메 실태를 정확하게 이해하는 일이 무엇보다 중요하다는 점이었다. 이 부분에 대한 이해를 돕기 위해 도쿄도 아동상담소에서 아동심리사로 일하고 있는 야마와키 유키코山脇由貴子씨가 자신의 저서《교실의 악마》(포플러사, 2006년)에서 정리한 이지메 사례를 소개해보고자 한다. 책에서 그녀는 "일상적으로 아이들과 접하고 상담을 진행하는 입장에서 이지메 관련 보도를 접할 때마다 느꼈던 것은, 어른들이 알고 있는 '이지메'와 현실 속의 이지메 사이에 대단히 큰 갭Gap이 존재한다는 사실"(3쪽)이라며 '이지메의 트렌드Trend'로 다음과 같은 사례들을 꼽았다.

① 이메일을 통한 유언비어 유포(즉석만남 사이트에 얼굴 사진·메일주소와 함께 '원조교제 상대를 모집'한다는 내용의 게시물을 업데이트하는 바람에 모르는 남성들로부터 'X만 엔 정도면 어

떠냐'는 내용의 메일이 쇄도하고, 학급에서는 '저 얼굴에'라며 웃음 거리가 됨)

② 가족에 대한 중상('○○의 엄마가 남성편력을 즐기고 있습니다'라며 러브호텔로 향하는 남녀의 뒷모습 사진을 메일로 퍼뜨린다. 물론 사진 속의 인물은 이지메 피해자와 전혀 무관한 사람. 이 일을 화제로 분위기를 고조시키다 다음에는 '○○ 아버지는' 운운하는 내용의 메일 유포)

③ 'ON'과 'OFF'를 나눈 이지메(이지메 주동자의 '오늘은 OFF'라는 한마디로 평온한 순간이 시작되어 한숨을 돌리지만, 다음날이 되면 거짓말처럼 다시 이지메 시작. 피해자가 입을 대미지의 정도를 고려한 심리적 압박)

④ 공범관계를 연출해 금품 요구('같이 노는데 필요하잖아?'라며 돈을 요구. 천 엔으로 시작해서 만 엔 단위까지. 가져오지 않을 경우 가해자들이 눈에 띄지 않도록 복부 등을 구타)

⑤ 여자들끼리 창피주기(수영복을 갈아입을 때 속옷을 빼앗아 '누가 좀 사 주시지 않을래요?'라고 써서 게시판에 붙여놓음. 무시와 조소가 일상화되어 가해자가 이 패턴에 질리면 더욱 심한 이지메가 시작됨)

⑥ '더럽다', '추하다' 등의 이미지 심기(쓰레기통 속의 내용물을 책상 위에 늘어놓고, 급식으로 나온 빵을 발로 밟거나 오물, 바퀴벌레 등을 집어넣음. 이로 인해 피해자는 몇 달이나 급식을 먹지 못하게 됨)

⑦ 발각되지 않을 정도의 폭행 반복(수업이 진행되는 내내 뒤에 앉은 가해자가 컴퍼스로 피해자를 찌름. 그러다 멈추는 것만으로 피해자가 '고맙다'고 인사하게 되는 왜곡된 관계가 형성됨)

⑧ 피해자의 존재 자체를 부정(책상 위에 〈자살 매뉴얼〉을 놓아두고 수업 중에 모두들 피해자가 존재하지 않는 것처럼 행동. '넌 왜 사니?', '언제 죽을 거야?' 등의 말을 반복. 피해자를 옥상으로 끌고 가 '뛰어내리지 그래'라는 발언까지 함)

⑨ 노예 취급('한턱내라'면서 물건을 훔치게 하거나, 명품을 사기 위해 피해자에게 원조교제 강요)

'고립화, 무력화, 투명화'

인간을 궁지로 몰아가는 이지메의 가혹함을 상징하는 것으로 '고립화, 무력화, 투명화'의 세 가지 프로세스를 거론하는 전문가의 견해가 있다. 고베대학 명예교수이자 정신과 의사인 나카이 히사오 씨가 지적한 내용[3]인데, 적지 않은 전문가로부터 지지를 받고 있다. 이 견해와 관련해서 오랜 기간 이지메 피해자의 케어를 담당해온 어느 임상심리사가 '이 프로세스에 대해 알고 있는지 여부에 따라 이지메에 대한 시각이 크게 달라질 수 있다'면서 절절히 이야기하던 일이 무척 인상적이었다.

그 세 가지 프로세스를 요약해 보면 다음과 같다.

'고립화' : 고립된 상태가 아닌 사람에 대한 이지메는 계속되기 어려우며, 아직 스스로 상황을 개선할 기회도 있다. 이지메를 지속하려면 피해자를 고립시켜야 하기 때문이다. 이러한 '작전'은 일단 누구 한 사람을 표적으로 선택하는 것에서부터 시작된다. 이 경우 표적에서 제외된 사람은 안도하며 자기 대신 표적이 된 사람과 거리를 두게 된다. 뒤이어 그 표적이 얼마나 이지메할 가치가 있는지에 대한 'PR작전'이 시작된다. 이때 빌미가 되는 것이 사소한 신체적 특징이나 습관, 트집거리, 외모의 미추美醜 등이다. 이

---

3 〈이지메의 정치학〉, 《아리아드네Ariadne의 실》, 미스즈서방(みすず書房), 1997년, 9~20쪽.

러한 선전을 교사가 듣고 흘려버리는 일은 가해자를 고무시키고, 방관자의 방관을 허용하는 결과를 낳는다. 또한 'PR작전'은 피해자를 확정하는 효과가 있다. 이에 따라 이지메를 당하는 그·그녀는 자신이 피해자가 된 이유에 대해 아무 매력도 없는, 따라서 이지메를 당해도 어쩔 수 없는 인간이기 때문이라는 식으로 납득하게 된다. 결국 피해자는 행동이나 언행에 있어 끊임없이 사람들의 눈치를 보게 되며, 주변에 대한 경계가 일상화되고, 끝내는 이것이 자율신경계와 내분비계 그리고 면역기능 등에 변화를 가져오게 된다.

'무력화' : '고립화' 당시까지만 해도 분쇄되지 않았던 피해자의 주체성은 '무력화' 단계에 이르러 완벽히 분쇄되어 버린다. 피해자에게 '어떤 반격도 소용없다'는 명제가 주입되어 관념으로 자리 잡아가기 때문이다. '무력화' 단계에서 피해자는 자신의 반격에 대해 과도한 폭력이라는 벌을 받게 되며, 이 과정에서 누구도 그의 편을 들어주지 않는 상황을 반복적으로 경험한다. 특히 자신의 이러한 상황을 어른들에게 호소하는 일에 대해 가해자들로부터 엄벌이 가해짐에 따라, '어른들에게 말하는 것은 비겁한' 일이라는 식의 가치관을 받아들이며 입을 다물어버리게 된다. 그렇게 피해자 내면의 지배가 완성에 가까워지게 되는 것이다.

'투명화' : 그러고 나면 이지메는 '투명화'되고, 주위 사람들에게 보이지 않게 된다. 이를테면 번화가의 홈리스가 '보이지 않거나', 선량한 독일인에게 강제수용소가 '보이지 않았던' 것처럼.[4] 학생들은 이지메의 현장과 조우해도 외면하고, 아무 일도 없었던 것처럼 시선을 다른 곳으로 향하게 된다. 피해자는 어른들도 친구들도 모두 다른 세상 사람들이며, 자신은 가해자들과의 관계 속에 살고 있고, 그들이 자신의 삶에서 가장 중요한 존재들이며, 그러한 관계가 영원히 지속될 것처럼 생각하게 된다. 이 단계에 이르면 어른들이 이지메를 알아차리고 캐물어도 피해자는 그 사실을 부정하게 된다. 경제적 착취가 일어나기 시작하는 것도 '투명화' 단계이다. 경제적 착취는 피해자의 자존심을 상실시

4 　선택적 비주의(選擇的非注意)

켜, 급기야 피해자가 가족·사회와 이어진 마지막 끈을 자신의 손으로 잘라버리게 만든다. 많은 아이들이 이 단계에서 도저히 해낼 수 없는 '무리한 숙제'를 부여받아 절망 속에 자살을 선택하게 된다.

이지메란 그 양태가 무척 다양하므로, 더러는 이 '고립화, 무력화, 투명화' 프로세스가 들어맞지 않는 경우도 있을 것이다. 하지만 그럼에도 불구하고 분명한 것은, 이지메의 상태가 심각할수록 이 프로세스와 들어맞는 경우가 많으며, 특히 그것이 시급을 다투는 정도의 상황일 경우 대체로 이와 같은 특징이 나타난다는 사실이다.

이지메당하는 쪽에도 문제가 있다? – '장난'과 '이지메'의 구분

'이지메는 어떤 형태이든 인권침해이며 폭력'이라는 규정은 '이지메'를 가볍게 보는 논의의 안티테제^{Antithese}이다.

이지메를 가볍게 보는 견해의 하나로 '이지메당하는 쪽에도 문제가 있다'는 것이 있다. 이는 얼마 전까지 적지 않은 어른들이 공공연하게 입에 올리기도 했거니와, 실은 지금까지도 아이들 사이에서 널리 통용되고 있는 견해다.

그러나 인간의 존엄을 그 핵심에 위치시키는 기본적 인권은 모든 사람에게 빠짐없이 적용되며, 누군가에게 어떤 문제가 있다고 해서 박탈될 수 있는 성질의 것이 아니다. 또한 누군가에게 어떤 약점이나 부족한 점이 있다 하더라도(어떤 사람이라도 그런 부분이 있겠지만) 그것이 이지메의 대상이 되어 인권을 침해받는 이유가 될 수는 없다. '이지메는 인권침해이자 폭력'이라는 인식은, 이 세상에 이지메를 당해도 괜찮은 사람은 단 한명도 없다는 명제를 확고부동하게 확인시켜 주는 것이기 때문이다.

이외에 어디까지가 이지메이며, 또 어디까지가 이지메가 아닌지를 구분하기 어렵다는 의견이 있다. 사실 이는 이지메의 큰 특징 중 하나이기도 하다. 물론 주의를 받을 경우 가해자들은 대체로 '장난친 것일 뿐'이라든가 '같이 논 것'이라는 식의 어필을 한다. 하지만 단언컨대, 이것은 위장에 불과하다.

물론 농담이나 장난이 모두 이지메가 되는 건 아니다. 아니, 때로는 농담이나 장난이 일상의 활력소가 되기도 한다. 그렇다면 장난과 이지메를 쉽게 구분할 수 있도록 해주는 지표는 무엇일까. 나카이 히사오 씨는 이와 관련해 "(이두 가지를) 구분할 수 있도록 해주는 가장 간단한 기준은, 상호성이 있는지의 여부"라고 말한다. 대단히 설득력 있는 지적이다.

학교 복도에서 스쳐지나갈 때 건성으로 '미안'이라며 고의로 부딪히는 일이나 아이들이 즐겨하는 '프로레슬링 놀이'의 경우를 주의 깊게 관찰해 보면, 당하는 쪽은 늘 약한 아이들인 경우가 적지 않다. 강한 아이들이 아무리 놀이라고 강변하더라도 이것은 결코 놀이가 아니다. 당하는 아이들도 웃고 있으니 함부로 단정하기 어렵다는 의견도 있다. 그러나 아이들은 이지메를 당하는 자신의 비참함을 조금이나마 완화시켜 보려고 웃는 것이다.

따라서 설사 장난이나 놀이라 하더라도 인권침해의 요소와 폭력성이 담겨있다면, 그것은 이미 '이지메'다.

제대로 된 인권감각

어느 연구자로부터 들었던 무척 인상적인 이야기가 하나 있다. 방과 후 보육 학급에서 아이들이 서로를 동물 이름으로 부르기로 했다고 한다. 그러자 조금 살찐 편인 여자 아이에게 바로 '돼지'라는 별명이 붙었다. 당시 곁에서 이 광경을 지켜보던 지도원은 '나 같으면 절대로 인정하고 싶지 않을 것'이라면서 아이들을 제지했다. 이지메 문제와 관련해서는 이런 정도의, 조금은 예민하다고 느껴질 수 있을 정도의 인간 존엄에 대한 감수성이 필요하다.

'경미한' 인권침해는 어느새 우리의 일상생활 속으로 깊숙이 파고 들어와 있다. 연예인을 괴롭히는 내용의 방송 프로그램은 물론 직장에서 벌어지는 힘희롱Power harassment[5], 성희롱에 이르기까지 사회 곳곳에 존재한다. 그렇기 때문에 더더욱 인권침해와 폭력에 제대로 된 감각을 유지할 필요가 있는 것 아닐까.

인간의 존엄과 기본적 인권은 그저 예부터 있어왔거나 어느 날 갑자기 하늘에서 떨어진 것이 아니다. 인류의 기나긴 역사를 통해, 특히 근대사회 성립을 계기로 확고하게 자리하게 된 역사·사회적 산물이다. 국제적으로 처음 인

5　상사가 자신의 지위를 이용해 부하 직원을 괴롭히는 행위. (＊ 역자 주)

권을 선언한 미국 헌법에서 흑인 노예가 인권의 대상으로부터 제외되어 있었듯, 인권사상은 처음부터 완벽했던 것이 아니라 투쟁을 통해 풍요로워진 것이다. 이를 위해 인류는 인종, 성별 등 수많은 한계를 뛰어넘으며 생존권, 사회권, 최근에는 환경권과 성에 관한 권리 등의 분야로까지 인권의 영역을 개척해왔다. '이지메' 문제에 대한 전향적인 대응 역시 인권의 개념을 더욱 풍요롭게 하는 것이라 할 수 있다.

2

'은폐'의 벽 허물기

'은폐' 혹은 그로테스크한 현실

"이지메가 있었는지는 확인할 수 없습니다", "이지메를 당했다는 것은 확인되지만, 그것이 자살과 관련이 있는지는 모르겠습니다". 이는 수많은 이지메 자살(이지메가 원인이 된 자살) 사건에서 교장이나 교육위원회 간부들이 자주 입에 올리는 보신保身의 주문이다. 아울러 듣는 입장에서는 마치 모래를 씹은 것 같은 씁쓸함이 들게 하는 말이기도 하다.

내가 처음 이지메 은폐의 가혹함을 뼈에 사무치게 느낀 것은 몇 년 전, 국회에서 이지메 자살 피해자의 유족을 만났을 때였다.

피해자는 이지메를 당하는 가운데 계속적으로 가해자들에게 돈을 갈취당했고, 이제 더는 줄 돈이 없어 죽음을 택한다는 유서를 남긴 후 자살했다. 그러나 피해자가 다니던 학교의 교장은 취재진에게 "나는 몰랐다"고 답했고, 피해자의 조문을 온 교사들마저 서로 말이라도 맞춘 듯 "아무것도 몰랐다"며 입을 모았다. 심지어 사친회는 "학교는 아무 문제가 없다"며 '지원사격'까지 했다고 한다.

피해자의 부모에게 학교는 마치 철옹성 같았다. 아이가 재학 중이 아니라는 이유로 사친회에 참석할 권리마저 박탈당하자 그 벽은 더욱 두터워졌다. 하지만 재판이 진행되면서 믿기 어려운 사실들이 드러났다.

하루하루 어떤 일이 일어났는지 표로 정리해 직접 손으로 그려 넣은 몇 장의 패널을 들고, 유족들은 힘겹게 말을 이어갔다.

"사람이 죽은 마당에, 엄연히 있었던 일을 없었던 것처럼 은폐하는 일이 어떻게 용서받을 수 있다는 걸까요?"

물론, 사태를 은폐하지 않고 성실하게 대응하는 학교나 교육위원회도 있다. 그런 의미에서 '학교=악'이라는 등식이 성립한다고 볼 수는 없다. 하지만 이는 피해자들에게 어떤 위로도 되지 못한다. 막상 은폐의 벽에 둘러싸이면 극한의 고통을 맛보게 되기 때문이다.

이지메(자살) 은폐의 심각성을 설명해주는 특징으로 다음 세 가지를 들 수 있다.

아침에 '다녀오겠습니다'라며 활기찬 인사를 건네고 집을 나선 아이가 저녁에 싸늘한 주검이 되어 돌아왔다. 왜 내 아이가 죽어야 했을까. 피해자의 부모는 당연히 그 이유에 강한 의문을 품을 수밖에 없다. 그렇지 않을 경우 그들의 인생 시계는 평생토록 그날 그 시간에 멈춰버리고 만다. 은폐는 결코 유린해서는 안 되는 인간의 정을 철저히 짓밟아버린다. 이것이 그 첫 번째 특징이다.

두 번째로, 지속적인 은폐는 또 다른 이지메 자살로 이어진다. 벌써 한 사람의 희생자가 나왔음에도 대체 무슨 일이 있었는지 알 수 없는 상황이 조성됨에 따라 재발방지를 도모하기 위한 어떠한 노력도 불가능해지기 때문이다. 결국 남는 것은 무고한 아이가 생명을 잃었는데도 누구 하나 그 원인을 파악하지 못하는 그로테스크한 현실이다.

세 번째로, 은폐는 피해자 주변 아이들의 마음에까지 어둠을 드리운다. 이지메 현장을 목격하고도 그것을 막을 수 없었던 아이들은 그 일을 깊이 후회하게 된다. 또한 가해자들은 이지메를 하며 '놀던' 비뚤어진 마음상태에도 불구하고 일말의 반성을 하게 된다. 그런데 바로 이때 교사나 부모들이 '이지메는 없었다', '그렇게 심각한 이지메가 아니었다', 혹은 '기분전환이나 하자'며 이지메가 있었다는 사실 자체를 부정한다면 어떻게 될까. 동급생의 죽음에 관여했다는 인생의 결정적 사건을 덮어버리는 일은, 그 아이들의 삶에서 커다란 진실 하나를 감추는 결과를 낳는 것이다.

은폐의 근본에 자리 잡고 있는 책임회피

수많은 비판에도 불구하고 왜 은폐가 끊이지 않는 걸까.

그 근본에서 느껴지는 것은 '내 한 몸만 지키려는' 산 자들의 헛된 집념이다. 피해자가 희생된 것은 불쌍하지만, 그에 대해 책임을 지면 자신들의 장래를 위협받거나 불이익을 당하게 된다는 심리. 그렇기 때문에 '몇 월 며칠에 이지메가 있었다는 것이 입증될 만한 메모가 있긴 하지만', '확신도 없이 혼자 나서면 힘들어질 수도 있다', '학생들의 동요를 막기 위해, 이 건에 대해 함부로 이야기하지 않도록 지도하자', '자살의 원인엔 여러 가지가 있을 수 있다, 뭔가 다른 원인이 있었던 건 아닌가', '그리고 보면 그 집안은'…. 자살과 이지메의 관련성을 부정하는 이야기는 얼마든지 만들어질 수 있다.

하지만 이것도 결국 산 자들의 이기심 아닐까.

그런 맥락에서 오쓰 시에서 일어난 이지메 자살 사건은, 그나마 전형적인 은폐 사례보다는 조금 '나은' 편인 것처럼 보였다. 당시 학교는 유족의 요청을 받아들여 신속하게 학생들을 대상으로 설문조사를 실시하고, 그 내용을 유족에게 보고했다. 그나마 다른 사례들에 비하면 어느 정도 사태의 내용을 공개하는 편이었다.

이 사건이 일어난 것은 2011년 10월 11일. 설문조사는 그로부터 6일 뒤인 17일부터 3일간 진행됐다. 그리고 설문의 문답 가운데 자살 연습, 금품 갈취 등 자살 사건과 관련된 내용이 등장하면서 학교는 그 내용을 검증하기 위한 조사를 시작했다.

하지만 은폐는 조사 이전 단계에서 벌써 시작되어 있었다. 설문조사 실시 사흘 전인 10월 14일 시 교육위원회와 변호사가 상담 자리에서 '이지메에 대해 인정하지만, 자살과의 인과관계까지는 인정하지 않는다'는 선에서 이야기를 마무리하기로 재판 대책 방향을 이미 확정지었기 때문이다. 그러나 무슨 이유에선지 시 교육위원회가 사건 관련 내용을 시간대별로 정리해 놓은 표에 이날 있었던 변호사 상담 부분이 게재되어 있지 않았다.

이 사실은 후일 다시 진행된 조사로 드러났다. 제3자 조사위원회가 "'이지메' 인정 → ○", "'인과관계' 인정 → ×"라고 적힌 10월 14일자 메모를 서류 더미 속에서 발견한 것이다. 이 한 장의 메모는 사건 은폐 시도의 결정적 증거가 되었고, 시 교육위원회 재판을 염두에 두고 대응을 진행했다는 사실이 인정됐다.

다시 사건에 대한 대응 과정으로 돌아가 보면, 11월 2일 시 교육위원회 간부와 교장 등은 기자회견을 열어 '이지메는 있었지만, 자살과의 인과관계는 불명不明'이라는 공식 입장을 발표한다. 이지메의 내용과 관련한 부분은 '교실과 복도, 화장실과 운동장 등에서 계속 구타와 괴롭힘을 당했다'는 겨우 세 줄의 문장으로 요약돼 버렸다. 온몸을 묶거나 벌을 입에 집어넣는 등의 자세한 내용은 아예 공표되지 않았고, '이지메 연습' 등을 기술한 부분도 사라졌다. 그럼에도 불구하고 이 이상의 조사를 진행하지 않는다는 내용이 발표됐다.

그렇다면 대체 어떻게 이 시점에 자살과의 인과관계는 불명이라 단정하며 조사를 끝낼 수 있었던 걸까.

물론 학교 측 입장에서도 나름의 변명거리는 있었다. 진상조사가 쉽지 않았다는 것. 사건의 열쇠를 쥐고 있는 가해자들의 청취조사를 보호자들이 거절하기도 했을 뿐더러 사건의 결정적 단서인 '자살 연습'과 관련된 내용에 대해서도 목격자를 확보하는 데 어려움이 있었다.

하지만 정말 그랬다면 이지메 관련 임상전문가, 관계기관·단체에 협력을 요청하고, 보다 본격적인 제3자 조사를 실시했어야 하지 않을까? 실제로 사건이 있은 지 거의 1년 후에 설치된 시의 제3자 조사위원회는 꼼꼼한 청취조사를 통해 '자살 연습'의 강요(실제로 이루어졌는지 여부는 말하지 않았지만, 자살을 연습하라는 발언을 한 것에 대해서는 인정) 등 많은 사실을 밝혀냈고, 이에 따라 심각한 이지메가 피해자인 A

군에게 굴욕감, 절망감, 무력감을 유발하는 등 앞서 언급했던 이지메의 세 가지 프로세스에 기초해 볼 때 '투명화' 단계에 접어들어 있었다는 사실이 드러났다. 더 깊이 파고드는 조사를 진행해야 할 시점에 학교 측은 오히려 서둘러 조사를 마무리해 버렸던 것이다.

심지어 오쓰 시의 사례에서는 은폐에 버금가는 또 하나의 전형적 전술이 등장했다. 바로 책임전가. 대상은 피해자의 가정이었다. 이지메가 자살의 원인이 아니라고 할 경우, 뭔가 다른 이유가 필요했기 때문이다. 그 '후보'로 용의선상에 오른 것이 피해자와 가장 가까운 위치에 있던 가족이었다. 부모자식 간에 원만한 관계가 형성되는 경우가 그리 많지 않은 요즘의 시대적 분위기상, 자녀교육이 다소 엄격한 편이던 피해자의 아버지가 피해자를 학대한 게 아니냐는 의혹이 제기되었고, 가해자 측은 이것이 마치 기정사실인양 선전해 댔다. 그에 따라 관련자들이 처음부터 악의를 가지고 있었는지 여부는 차치하고라도, 결과적으로 제3자 조사위원회 보고서가 지적하는 것처럼 가정적으로 문제가 있었기 때문에 피해자가 자살했다는 '허구에 의존한'

결과가 도출됐던 것이다.

이지메 자살 원인이 가정환경의 문제에서 비롯되었다고 호도당한 예는 오쓰 시 사건 외에도 적지 않은 사례에서 발견된다. 이를테면 외동딸을 이지메 자살 사건으로 잃은 한 어머니는 사건 직후 '내가 아이를 좀 더 강하게 길렀더라면 죽지 않았을지도 모르는데'라며 스스로를 책망했던 일 때문에 '아이를 응석받이로 키운 것이 자살의 원인'이라는 악의적인 유언비어에 시달려야 했다. 오늘날 수많은 가정이 안고 있는 문제를 끄집어내 이지메와 자살의 인과관계를 희석시키는 도구로 사용하는 것은 실로 병리적 현상이라고밖에 말할 수 없다.

오쓰 시 사례에서 나타난 은폐 시도는 재판 대책이라는 조직방위組織防衛가 그 주된 동기였던 것으로 생각되지만, 다른 한편으로 교육위원회 간부와 교장의 평판이나 출세, 학교의 이미지 등을 위한 동기도 어느 정도 작용했었다고 볼 수 있다. 혹은 현재 생존해 있는 학생들이 고교입시 등 그들의 인생에서 매우 중요한 시기를 지나고 있기 때문에 그런 그들을 동요시키지 않으려는 '교육적 배려'가 유력한 동기로 작용했을 수도 있다.

하지만 그렇다 하더라도 살아있는 자들을 위해 희생자에게 고통을 준 '불편한 진실'을 감추는 것은, 역시나 기괴하기 짝이 없는 일이다. 아울러, 관련자들의 인생에 바람직한 영향을 끼치리라 보기 힘든 것은 두말할 필요도 없다.

은폐가 불가능한 시스템의 제안

자신만의 이익을 위해 폭주하는 인간의 출현은, 인간생활의 구석구석에까지 손익계산의 셈법을 적용시키는 지금의 사회풍조에서 거의 필연적이라고 볼 수밖에 없다.

만약 그렇다고 하면 이지메와 같은 문제를 은폐하고 싶더라도 은폐하기 힘든 시스템을 고안해 내는 것 또한 인간의 지혜라 할 수 있을 것이다. 이러한 시스템 구축과 관련해서 NPO법인 '젠틀 하트 프로젝트Gentle Heart Project'는 다음 '네 가지 요구'를 내놓았다.

① '생명과 직결되는 사건 · 사고가 일어났을 경우, 사흘 이내에 특정한 포맷에 따른 청취조사를 진행하라' : '사

흘 이내'라는 전제에는 나름의 의미가 있다. 그 정도의 시간이라면 관련자에게 사건을 은폐할 수 있을만한 여유가 주어지지 않을뿐더러, 학생들 또한 진지하게 설문이나 청취조사에 응할 수 있기 때문이다.

② '조사 내용을 당사자와 보호자가 공유하라' : 이를테면 설문조사를 학교 측과 함께 보며 분석하는 것이 중요하다. 행정당국은 종종 '설문조사가 곧 사실은 아니며, 유족이 충격을 받을 수도 있기 때문에 보이지 않는 편이 좋다'고 주장하지만, 그 정도쯤은 유족이 알고도 남는다. 유족들은 학생들의 설문에 어떤 태도로 기록한 무슨 내용이 담겨져 있건, 그것을 보여주지 않는 것을 결코 납득할 수 없다.

③ '학교의 사고 보고서에 가족 기입란을 만들라' : 학교에서 사고(이지메 자살이나 특활반에서 일어난 사고 등)가 일어날 경우, 학교는 교육위원회 앞으로 '사고 보고서'를 제출한다. 그러나 그 보고에는 지금까지 살펴본 것처럼 날조의 가능성이 존재한다. 실제로 어떤 자살 사건의 경우, 자살의 원인이 마치 형과의 다툼이었던 것처럼 암시하는 내용과 함께 말의 앞뒤를 맞추기 위해 희생자의 형이 가입한 적

도 없는 야구부의 우수선수였다는 날조된 사실이 기재되어 있었다. 물론 이와 같은 날조사실이 결국 유족의 정보공개 청구를 통해 밝혀지기는 했지만, 그렇지 않았다면 날조된 그대로 공문서에 통용되었을 것이다. 유족 스스로가 자신들이 알고 있는 내용을 써넣는 란이 존재한다면, 날조를 막는 데에도 도움이 될 것이다.

④ '모든 조사에 당사자와 보호자의 의견을 반영하라' : 어떤 조사를 어떻게 진행하든, 유족의 의견을 들어야 한다.

사실 이 '네 가지 요구'는 정부의 '아동·학생의 자살 예방에 관한 조사연구협력자 회의'에서 정리된 것으로, 생명과 직결되는 사건사고가 일어났을 때의 포맷과 관련한 안을 '젠틀 하트 프로젝트'가 제안하고, 이를 다시 회의에 참여한 사람들이 '채택'하는 과정을 거쳐 만들어졌다.

하지만 정부 보고서에서는 핵심적인 내용이 바뀌어 있었다. 우선 '학생들에 대한 사흘 이내의 조사'가 '교사에 대한 일주일 이내의 조사'로 바뀌었다. 가장 많은 정보를 가진 학생에 대한 조사를 학교의 판단에 따라, 그것도 상당한 시일이 지난 이후에 진행하도록 바꾼 것이다. 그리고 포맷안에 포함되어 있던 '(설문 결과는) 가족에게도 보고하는 것으로 이해하라'는 부분도 '있는 그대로 가족에게 보여주면 안 된다'는 문장으로 180도 바뀌어 있었다. 이처럼 정부 보고서가 일방적으로 그 내용을 바꿈에 따라, 조사에 응한 학생과의 신뢰관계를 이유로 유족이 정보 공개를 거절당하는 일마저 발생했다.

은폐 방지책의 등장

정부의 이와 같은 태도는 결국 저항에 직면하게 되었다. 일본공산당 소속 미야모토 다케시宮本岳志 의원이 2013년 4월 10일 중의원 예산위원회에서 이 문제를 거론한 것이다. 가고시마 현 이즈미出水 시에서 있었던 여중생 자살사건 당시 같은 학교 학생이 이지메 사실을 증언했고, 당초 학교 측은 유족들에게 설문조사 내용을 공개하기로 약속했지만, 이후 공개를 거부했다. 교장은 공개 거부의 근거로 앞서 언급된 정부 보고서의 '있는 그대로 가족에게 보여주면 안 된다'는 구절을 들었다. 미야모토 의원이 이 문제를 지적하자 시모무라 히로후미下村博文 문부과학성(이하 '문과성') 대신大臣은 "앞으로 관련자의 의견에 근거해 전문가 회의를 거쳐 올바른 정보 공개 방식이 포함된 재검토를 실행하겠다"며 정부 보고서 재검토를 천명했다.

일본공산당은 이지메 문제에 관한 제안을 통해 이지메 피해자 유족의 '진실을 알 권리'에 대해 언급한 바 있으며, 많은 사람이 힘을 모아 이를 실현시키려 하고 있다.

마지막으로 교육위원회가 자발적으로 나서서 은폐를 일소했던 사례 하나를 소개하고자 한다. 가와사키 시 교육위원회의 경우다. 2010년 6월 가와사키 시립 중학교 학생 시노하라 마사야篠原真矢 군이 "친구를 이지메로부터 구해내지 못했다"는 유서를 남기고 자살했다. 학교는 사태에 굼뜨게 대응했고, 희생자 부모는 "아이가 이렇게 고민하는데도 아무런 눈치를 못챘다. 선생들도 매일 아이를 보고 있었지 않나. 모두가 한 걸음만 더 다가갔다면 마사야는 죽지 않을 수도 있었다. 이 점에 대해 생각해보자"며 호소했다. 이 호소는 시 교육위원회 직원 두 사람의 마음을 움직였고, 그렇게 제3자 위원회가 꾸려졌다. 조사 과정에서 힘의 차

이를 배경으로 '괴롭히고', '괴롭힘을 당하는' 관계가 아이들 사이에 상당 부분 존재했다는 사실과, 마사야 군과 그 친구에 대한 괴롭힘이 심해지는 것을 걱정한 한 학생이 이미 담임에게 그 내용을 알렸음에도 불구하고 적절한 조치가 취해지지 않았던 사실 등이 드러났다. 이와 같은 과정이 진행되는 동안 마사야 군의 보호자들은 교육위원회 직원들의 진심을 느꼈고, 그들을 신뢰하게 되어 결국 소송을 하지 않았다. 보고가 끝난 후에도 시 교육위원회 직원들은 시노하라 씨의 집을 찾고 있다.

그러나 역으로 이지메 자살 사건에 대한 은폐를 경험한 유족들은 아이를 잃은 슬픔과 이후의 가혹한 처사에 절망한 끝에 누구도 신뢰하지 못하게 되어, 죽음의 진상을 조금이라도 더 알고 싶다는 생각으로 원치 않는 소송의 길을 택하게 된다. 은폐란 대개 소송을 우려해 벌어지지만, 자기중심적 대응은 결국 같은 크기의 반작용을 부르기 마련이다.

은폐는 인간으로서 지켜야할 최소한의 법도를 저버리고, 사건의 재발방지를 방해하며, 궁극적으로 아이들의 마음에까지 어둠을 드리운다. 이와 같은 은폐를 사라지게 하는 것이 이지메 문제와 관련한 근본적 대책 중 하나다.

아이들의 생명, 지킬 수 있다!
– 어른들은 어떤 지점에서 합의해야 할까?

역전逆轉의 발상

아이들을 죽음으로까지 몰아넣는 이지메의 실태란 가혹하기 짝이 없다. 아이들을 지켜야 할 학교가 이지메를 보고도 못 본 척 넘겨버리고, 심지어 교사(교사 전체를 놓고 보면 극히 일부에 해당하겠지만)가 아이에게 '너는 최악이야', '사라져 버려'라며 폭언과 체벌(폭행)을 가해, 그것이 이지메를 촉발시키는 원인으로 작용한 사례도 있다. 이지메 사실을 필사적으로 호소했지만, 주변의 다른 보호자들에게 백안시당해 어쩔 수 없이 이사해야 했던 부모들도 있었다. 단지 청취조사를 하는 것만으로도 괴로워지는 일들이 아닐 수 없다.

문제는 이러한 경향이 최근 나타난 것이 아니며, 적어도 30년 가까이 지속되고 있다는 사실이다. 이지메 자살이

처음 사회문제로 부각된 것은 1986년 도쿄 도 나카노 구에서 일어난 카가와鹿川 군 이지메 자살 사건이다. '장례식 놀이' 등 당시 카가와 군에게 가해진 이지메 내용을 아직까지 기억하는 독자들도 있을 것이다. 이지메 자살이 선풍적으로 보도되면 얼마 동안은 사회문제가 되어 여론이 들끓는다. 그러나 열기는 이내 식어버리고, 정신을 차려보면 이미 다른 이슈로 사람들의 관심이 옮겨가 있다. 요즘도 변함없이 이지메와 이지메로 인한 자살 사건이 계속되고 있다. 하지만 이지메 자살 관련 보도에서 다뤄지는 내용은 빙산의 일각에 불과하며, 그나마도 '사고사', '병사病死' 등으로 포장되어 자살로 취급되지 않는 경우마저 있다.

그럼에도 불구하고 전부터 민주적 교육운동에 매진하고 있는 각종 연구회 등은 자신들이 이지메 문제를 어떻게 해결했는지, 고투와 감동으로 점철된 이야기를 전하고 있다. 그 배경에는 이지메를 조기에 근절하고 심각화를 막아낸 수많은 실천사례가 있었다. 그러나 아쉬운 점은 청취조사를 진행하면서 생생히 들을 수 있었던 이들의 사례가, 이미 문제가 해결되어 더 이상 '사건'으로 다뤄지지 않는 까닭에 뉴스가 되지 못하고, 따라서 세간의 주목 또한 받지 못한다는 사실이다. 물론 그럼에도 불구하고 이런 꾸준한 실천이 대단히 소중하며, 사회적으로도 정당한 평가가 주어져야 한다는 점에는 변함이 없다. 그렇게 우리는 '슬픔의 산'을 넘는 동시에 '해결의 경치' 또한 볼 수 있었다. 그리고 이와 같은 소통은 사람들이 미처 알지 못하는 수많은 해결 사례를 조명한다는 '역전逆轉의 발상'을 이끌어냈다.

전국 각지에서 이지메를 해결하거나 각고의 노력을 기울인 끝에 아이들의 생명을 구해낸 다양한 실천사례들이 보고되고 있다. 이 사례들의 중요성은 새삼 강조할 필요도 없다. 그 교훈만 제대로 받아들여도 아이들이 생명을 잃는 최악의 사태는 피할 수 있을 것이기 때문이다. 그런 시각에서 구조 · 해결의 사례를 분석해 보니, 역시 실패사례와는 정반대의 패턴이 여러 측면에서 나타났다.

학교에서의 이지메 대응 기본 원칙 확립

그 분석의 한 가지 도달점이 바로 일본공산당이 제안한 〈'이지메' 없는 학교와 사회를〉에 등장하는 제 1제언의 핵심, '학교에서의 이지메 대응 기본 원칙 확립'이다. 우리는 성공사례와 실패사례에 대한 연구를 통해 학교에서의 이지메 대응에 필요한 기본 원칙을 다음 다섯 가지로 정리했다.

1. 생명 우선의 입장을 견지하며, '이지메' 대응을 절대 뒤로 미루지 않는다.

2. 사소한 것이라도 눈에 보이면 주저 없이 모든 교직원과 보호자에게 알리고 대응한다.

3. 아이들의 자주적 활동 비중 확대 등, '이지메'를 그만두게 하는 인간관계를 형성한다.

4. 피해자의 안전을 확보하고, '이지메'를 그만둘 때까지 가해자에게 확실히 대응한다.

5. 피해자, 유족의 '알 권리'를 존중한다.

이중 5에서 언급되는 '알 권리'에 대해서는 이미 2장에서 다루었으므로, 여기서는 일단 1, 2, 3, 4의 내용에 대해 순서대로 설명하고, 이후 이 다섯 가지 원칙이 어떤 특징을 담고 있는지 설명해보도록 하겠다.

생명을 최우선으로, '이지메' 대응, 절대 미룰 수 없다

제안 전체를 관통하는 원칙 = '아이들의 생명 우선'

무엇보다 '아이들의 생명 우선'. 이것이야말로 우리의 제안 전체를 관통하는 원칙이다.

학교에서 이 원칙에 반대하는 교사는 없을 것이다. 하지만 역설적이게도, 모두가 이를 인정하는 것 또한 의외로 쉬운 일이 아니다.

이 부분과 관련해 한 중학교의 사례를 소개한다. 금요일 점심시간, 어느 학생이 "실은 이지메를 당하고 있다"면서 담임교사에게 상담 요청을 했다. 하지만 담임교사는 당시 '연구수업'을 앞두고 있었다. '연구수업'이란 교육위원회의 '높으신 분들'이 참관하는 수업으로, 이날을 위해 화단과 신발장 청소, 다과 준비, 방문자 마중 및 배웅 계획 등 학교 차원에서 만반의 준비가 이뤄지는 '빅 이벤트'다. 이날의 수업 내용은 반년 이상 전부터 검토가 시작되어, 최대한 윗사람들의 마음에 들 수 있도록 꼼꼼하게 준비된다. 아이의 말을 들은 교사는 일단 "괜찮아?"라고 물어본 후 "지금 너무 바쁘니까 다음 주 월요일에 차분하게 이야기를 들어줄게"라고 대답해버렸다. 그리고 학생은 바로 그 주말 스스로 목숨을 끊었다.

이지메와 관련한 상담은 학생의 생명과 직결될 가능성이 있다. 하지만 교사는 총력을 기울여 대외적으로도 대단히 중요한 '연구수업' 발표를 준비 중이었고, 결국 둘 중 하나를 선택할 수밖에 없었다. 이 경우, 연구수업을 연기하고 이지메 상담에 매달리는 것이 당연하게 받아들여지는 학교가 아니라면 아이들의 생명은 지켜질 수 없다.

부연하자면 이는 매일의 교육활동과 아이들의 생명의 관계에 대해 설명해 주는 사례라 할 수 있다. 학교에서의 교육활동은 어떤 것이든 아이들의 성장·발달에 대단히 중요하다. 적어도 그렇게 설명할 수 있는 나름의 '근거'를 가지고 있기에, 학교에서의 시간은 어느 것 하나 소홀히 할 수 없는 중요한 일들로 채워져 있다. 하지만 그것이 제 아무리 중요하다 한들, 아이들의 생명보다 위에 있을 수는 없다. 이 당연한 전제에 대해 확인하는 것은 교육이 아이들을 위해 존재하는 이상 아이들의 생명과 안전을 전제로 해야 한다는 교육론의 근간이기도 하다. 교육의 주인공은 교육자가 아닌 아이들이기 때문이다.

동시에 생명 우선의 사상은 '교육이란 무엇인가'라는 추상적 사고의 산물이 아니라 이 시대를 살아가는 아이들의 여린 몸과 마음을 둘러싼 현실적 실천으로부터 비롯된 것임을 강조하고 싶다. 생명 우선의 사상은 이지메가 이지메로 다뤄지지 않아 해결의 실마리를 찾을 수 없었던 수많은 아이들과 그 부모들의 눈물 속에서 탄생했으며, 아이들의 고민과 고통을 내 일처럼 느끼며 문제 해결을 위해 두 팔을 걷어붙인 관련 전문가들에 의해 그 실체가 규명되어 온 것이기도 하기 때문이다.

학교의 안전 배려 의무

아이들의 안전에 중점을 두는 사고의 확립은, 법적으로는 학교의 '안전 배려 의무(보다 구체적으로는 안전 확보 의무)'로써 요구된다. 학교가 아이들을 맡고 있는 이상, 아이들의 안전을 최대한 배려할 의무가 있다는 것이다. 이는 다양한 이지메 관련 재판의 판결을 통해 정착된 내용이기도 하다.

이와 관련한 사례 중 하나로 들 수 있는 것이 2008년 9월 판결이 확정된(2006년 최고재판소가 1심, 2심 판결을 파기하고 환송시키는 바람에 코치 고등재판소에서 판결을 내림) '토사土佐 고등학교 축구 낙뢰사건 재판'이다. 사고가 일어난 것은 1996년 8월. 당시 고교 1년생이던 기타무라 미츠토시北村光寿 군이 다른 고교와의 축구시합에 참가하던 중 낙뢰에 맞아 양쪽 눈 실명, 지체부자유, 언어기능 장애 등의 중복장애Multiple disabilities를 갖게 되어 사고의 책임을 둘러싼 민사재판이 벌어졌다. 학교 측은 당시 벼락주의보가 발령되어 있었다고는 하나, 일반적으로 스포츠 지도자가 천둥소리만으로 학생들을 대피시켜야 한다고 판단하기란 쉽지 않으므로, 자신들의 과실을 인정할 수 없다고 주장했다. 이에 대해 판결은 천둥소리가 들릴 경우 대피하는 것은 기본적인 과학적 소견이며, 학교·교원은 학생의 안전을 배려할 의무가 있으므로, 학생들을 인솔해 옥외에서 시합을 시킬 때 과학적 식견에 따라 지도하지 않은 것은 안전 배려 의무를 수행하지 않은 것이라면서 학교 측에 손해배상을 명령했다.

다음 장에서 다루겠지만, 이지메 판결에서도 사법당국은 학교와 교육행정당국의 안전 배려 의무에 대해 지적하고 있다. 이는 학교 사고, 이지메 등의 피해자가 단념하지 않고 각고의 노력을 기울여 문제를 호소한 끝에 이끌어낸 원칙이기도 하다.

정부 주무부처인 문과성도 이들 재판과 관련한 소견을 물을 때마다 학교에게 안전 배려 의무가 있다고 회답하고 있으며, 그 취지에도 동의하고 있다. 그러나 안전 배려 의무가 법적으로 학교·교원 등에게 부과된다는 사실에 대해 제대로 알고 있는 교직원은 많지 않다. 이러한 사실만 놓고 보더라도 이미 학교에서 '어떤 교육활동보다 아이들의 생명이 우선한다'는 원칙을 확립하는 일이 시급하다. 교원들 간의 대화를 통해 이러한 원칙이 형성될 수 있다면, 학교는 그만큼 아이들과 교사들에 대해 좀 더 배려할 수 있는 공간으로 거듭날 수 있을 것이다. 이는 결코 무리한 일이 아니다.

'사실 확인'의 중요성과 함정

대부분의 이지메는 어른들이 모르는 사이에 벌어진다. 그런 의미에서 "요즘의 이지메는 그 은폐 수법이 매우 발달해 있다. 따라서 어른들이 만약 이지메 사실을 알게 되면 곧바로 조치를 취해 주었으면 한다"던 어느 중학생의 말은 대단히 인상적이다.

어떤 형태로든 이지메에 관한 호소가 있었다면, 이미 상당히 심각한 단계에 와 있는 것임을 인식하고 대응해야 한다는 것이다. 이 경우, 철저한 사실 확인을 통해 일의 전모를 밝히는 일이 필수다. 아울러 그 사실 확인 자체가 쉽게 진행되지 않는 경우가 있다는 점도 주의해야 한다.

오쓰시립중학교에서 일어난 이지메 자살 사건(2011년 10월)은 이러한 원칙의 중요성을 재차 확인시켜 주는 사례라 할 수 있다. 당시 복수의 학생들이 각기 다른 시기에 "이지메가 벌어지고 있는 것 같다"고 담임교사에게 호소한 일이 있었다. 교사는 걱정하며 피해 학생이 혼자 있을 때 "이지메를 당하고 있는 것 아니냐"고 물었지만, 피해 학생이 그 사실을 부정하는 바람에 결국 그 이상의 조치가 취해지지 않았다.

이지메당하는 아이가 그 사실을 인정하지 않는 이유에는 여러 가지가 있다. 부모들에게 걱정을 끼치고 싶지 않아서, 자신의 비참한 상황을 알리고 싶지 않아서, 혹은 고자질을 했다며 보복을 당할까 무서워서…. 심지어 이지메가 '투명화' 단계에 이르면 '이지메를 당하고 있느냐'고 부모가 물었을 때 폭력을 휘두르면서까지 부정하는 사례도 발생한다. 과거에 이지메를 당하고 있다는 사실을 교사에게 호소했는데도 대응이 불충분했던 것은 물론, 도리어 이지메가 심해지자 그 이후부터 '선생님한테는 절대로 말하지 않겠다'고 결심한 아이도 있었다.

물론 이지메를 하고 있는 아이에게 사실 여부를 물어도 부정하기는 마찬가지다.

이지메의 이와 같은 특성에 대해 고려해 보면, 결국 '사실 확인 후 대책을 수립'한다는 일반적 대응으로는 심각한 경우일수록 눈치만 살피다 걷잡을 수 없는 사태에 직면하게 될 뿐이다.

그렇다면 어떻게 해야 할까. 어른들에게 정보가 전해지는 경우, 이미 이지메가 심각한 단계에 접어들어 있을 가능성이 크다. 게다가 당사자도 그 사실을 전혀 인정하지 않는다. 결국 이지메에 대한 정보가 입수되는 단계에서 '사실'이라는 전제 하에 대책을 마련할 수밖에 없다는 것이다. "혹시 만에 하나 사실이 아닐 경우엔 어떻게 하느냐"는 물음에, 이 분야에 정통한 한 심리전문가는 "그건 또 그것대로 좋은 것 아닙니까. 이지메가 없었다는 이야기니까"라고 웃으며 대답했다. 지당한 말씀이다.

한 사람의 정보에는 한계가 있지만 집단이 되면

우리는 제안을 통해 이지메가 의심되는 단계에서 즉각적으로 전 교원이 정보를 공유하고 대응에 들어가야 한다고 강조한 바 있다.

한 사람의 정보나 역량에는 한계가 있지만, 모두가 안테나를 펴고 정보를 교환한다면 보다 많은 것을 알아낼 수 있다. 또한 다함께 지혜를 짜냄으로써 여러 가지 바람직한 대책이나 궁리도 가능해진다.

이 점에서 보더라도 오쓰 시 사례에서는 반성해야 할 많은 지점이 존재한다. 그중 대표적인 것이 이지메에 대해 알아낼 최고의 찬스였던 10월 5일 화장실 폭력사건 관련 대응이었다. (피해자는 그로부터 6일 후인 10월 11일 자살)

B군(이지메를 주도한 학생)이 A군(자살한 학생)의 안면을 안경이 변형될 정도로 구타했다. 그리고 B군에게 "너도 때려봐, 안 그러면 더 세게 때린다"는 말을 들은 A군도 B군을 때렸다. 사건 당시 담임교사는 양쪽의 이야기를 들어보고 '싸움'이라는 결론을 내린 후, 두 사람을 포옹하게 한 후 부모들을 불러 상황을 설명했다. 그 후 이 담임이 포함된 같은 학년 교사들의 '집약회의集約會議'가 열렸다. 그 자리에서 이 사건에 대해 '이지메 아니냐'고 의문을 제기한 교사도 있었지만, 결국 이지메라는 인식까지에는 이르지 못하고, 이지메일 가능성도 있으니 지켜보자는 결론만 내려졌다.

이후, 시의 제3자 조사협력자회의가 내놓은 '보고서'는 이 '집약회의' 당시 진행됐던 폭행사건 검토에 대해 강한 유감을 표명했다. 집약회의 출석자 가운데에는 이전부터 B군이 A에게 일방적으로 폭행을 가했다는 사실을 알고 있는 교사도 몇 명이나 있었기 때문이다. '보고서'는 그러한 정보를 모든 교직원이 공유하는 가운데 검토했더라면 '최소한 9월 중순 이후부터 B가 A에 대해 일방적인 폭행을 가했고, 10월 5일 사건은 당시 사흘 동안 이어졌던 폭행의 과정에서 일어났음을 인지할 수 있었을 것'이라며 '집약회의에 참석한 2학년 담임교사들이 스스로 체험한 바를 화제로 제공하지 않음에 따라 이지메를 인지할 수 있는 마지막 기회를 놓쳐버렸다고 할 수 있다'('보고서' 71~72쪽)고 결론내렸다.

이날은 수요일. 목·금요일에는 중간고사가 있었고, 그렇게 주말이 지난 월요일 아침, A군은 아파트에서 뛰어내려 스스로 목숨을 끊었다.

다만, 집단적 대응이라고 해도 지나치게 그것에만 매몰될 경우 오히려 엉뚱한 결과가 나올 수도 있다. 이를테면 어떤 이지메 사건의 경우, 관련 교사 전원이 팀 회의에서 확인된 내용에 따라 행동하기로 했다고 한다. 그러나 팀의 일원이던 보건실 교사는 이지메가 팀원들이 인식한 수준보다 훨씬 위험한 단계에 접어들어 있음을 직감했고, 고민 끝에 그날 밤 이지메를 당하는 것으로 추정되던 학생의 집 앞에서 학원을 마치고 돌아오던 아이와 만나 여러 가지 사정을 듣게 되었다.

집단과 개인의 관계에 대해 많은 것을 생각하게 되는 대목이다. 결국 핵심은 아이들의 생명을 구한다는 궁극의 목적에 입각, 전문가다운 행동을 취해야 한다는 것이다.

교사·보호자들의 협력이 '방파제'

교직원들 간의 정보공유와 더불어 또 한 가지 중요한 것이 바로 교사들과 보호자들 간의 진심어린 협력이다.

1장에서 소개한 아동상담소 아동심리사 야마와키 유키코 씨는 그간 교사들과 보호자들의 협력을 활용해 많은 이지메 사건을 해결해 왔다. 야마와키 씨는 그 중요성에 대해 다음과 같이 언급했다. (《흔들리는 학교》, 포플러사, 2011년)

'이지메의 배경에는 아이, 교사, 그리고 보호자 사이에 형성된 불신의 구조가 자리 잡고 있다', '이지메 문제와 관련해서 아이들은 어른들에 대해 강한 불신을 가지고 있다. 이는 어른들이 잘못된 대응을 거듭해 왔기 때문이다' 따라서 '어른들(교직원·보호자)이 서로 소통·협력하는 모습을 보여주는 것이 이지메의 방파제가 될 수 있다.' (4~5쪽)

이는 실천을 통해 검증된 합리적인 견해라고 생각한다.

물론, 보호자들과 정보를 공유한다 해도, "○○군이 ××군에게 이지메를 당하고 있을지 모른다"고 갑자기 모든 보호자들에게 전하면 ××군의 보호자들이 "증거도 불분명하면서"라고 화를 내며 사태가 오히려 혼란을 맞게 될 수도 있다.

그럼 어떻게 해야 할까. 예컨대 이름을 특정하지 않고 '이 학교에서 이지메가 벌어지고 있다'고 모든 보호자에게 전달하는 방식이 있다. 실제로 그런 연후에 보호자들에게 '어떤 것이라도 좋으니 자녀분과 그 친구들 사이에 뭔가 변화가 관찰되면 즉시 학교에 알려 주십시오', '집에 계실 때 아이들 앞에서 "이지메는 용서할 수 없어. 이제부터 아빠랑 엄마는 학교와 힘을 합쳐서 이지메와 싸울 거야"라고 말해 주십시오'라고 호소해 이지메를 없애는데 성공한 학교의 사례도 있다. 물론 이러한 방법도 그리 쉬운 건 아니다. 실제로 이 학교에서도 초기에는 엉터리 정보가 흘러들어 왔었다고 한다. 특히 휴대전화 문자메시지의 경우 발신인을 파악하기 어려운 경우도 있기 때문에 혼란이 더욱 가중되었다. 하지만 교장을 위시한 교직원들은 그런 일들조차도 학교의 진심을 시험하는 것이라는 판단 하에 성실한 대응을 이어갔고, 결국 진짜 정보가 담긴 제보가 전해지기 시작했다.

교사와 부모들이 이지메 문제 해결을 위해 진지하게 협력하는 모습은 아이들에게도 큰 영향을 끼친다. 이지메당하고 있는 아이들에게는 마음 든든한 지원군이 생겼다는 안도감을 주며, 직접 이지메를 하거나 부추기던 아이들에게는 자신들이 벌인 행위에 맞서 부모들이 일어서려 한다는 사실이 큰 충격으로 다가옴과 동시에, 그·그녀들을 '정상적인 정신 상태'로 돌아가게 하는 계기로 작용하는 것이다(집단 이지메란 일종의 히스테리 상태이기도 하므로).

그런데 요즘에는 교사와 부모들의 일상적 접촉이 줄어 이러한 방식의 해결에 있어서도 많은 어려움이 발생하고 있다. 부모들에게 학교의 문턱이 높아져버린 것이다. 또한 교사들은 교사들대로 상사로부터 '보호자들은 고객이니 예의에 벗어난 행동을 삼가라'는 주문을 듣게 되니, 학부모들이 자신의 약점까지 솔직히 털어놓으며 소통할 수 있는 '동료'라기보다 '긴장감을 갖고 대응해야 하는 상대'로 고정되어 버렸다.

이러한 '관계성關係性'의 약화야말로 이지메를 만연시키는 결정적 조건의 하나로 작용하고 있다. 관계성을 긴밀하게 하기 위해서는 학교가 부모들에게 먼저 '이 학교는 불리한 부분도 감싸 안고 대화해 준다'는 신뢰감을 심어 주어야 한다. 이지메 문제가 교사와 부모들 사이에서 긴밀한 대화와 협력을 가능하게 만드는 계기로 작용한다면, 오히려 '전화위복轉禍爲福'이 될 수도 있다. 또한, 그런 학교 분위기로 인해 아이들도 더욱 즐겁게 생활할 수 있을 것이다.

설문조사 – 중요한 것은 아이들과 교사들 사이의 신뢰관계

이지메가 벌어지고 있는 게 아닐까 의심될 경우, 학생 설문조사를 진행해 보는 것도 문제 해결을 돕는 방법의 하나일 수 있다. 다만, 행정기관에서 흔히 실시하는 것 같은 형식적 설문조사까지 효과가 있을지는 의문이다. 예컨대, 이지메 자살 사건이 대대적으로 보도될 때마다 각 교육위원회는 마치 '우리가 이렇게 노력하고 있다'고 강변하듯 일제히 관할 학교에서 몇 번이고 설문조사를 실시한다. 그나마 설문지를 교실 내에서 작성하게 하거나(이지메당하는 아이가 자신을 이지메하는 아이의 눈앞에서 무엇을 쓸 수 있을까), 기명으로 작성하게 하는 요식행위가 대부분이다. 물론 이 경우 아이들도 그런 설문조사의 의도를 당연히 간파하고 있으므로, 결국 아이들에게 어른들에 대한 불신과 더불어 감시 · 관리에 대한 스트레스만 유발하는 그런 방식은 아무런 실효성이 없다.

설문조사란 교직원이 눈앞에 있는 아이들의 상황을 고려해 '지금 해야 한다'는 판단이 들 때 실행해야 하는 것 아닐까. 어느 중학교의 경우, 무척 거친 편이던 학교의 분위기를 개선하는 과정에 설문조사가 활용됐다. 설문은 '이지메를 목격한 적 있는가' 하는 식의 추상적인 내용이 아니라, '언짢은 일을 당했던 적이 있는가', '누군가가 자신의 물건을 감췄던 적 있는가', '급식을 제대로 나눠받지 못하는 아이가 있는가' 등 학교생활에 직결되는 구체적인 것들이었다.

어찌되었든 설문조사는 수단의 하나다. 중요한 것은 아이들이 교사에 대해 "선생님, 있잖아요"하며 말을 걸어오고 싶은 마음을 갖고 있느냐의 여부일 것이다. 또 어떤 중학교에서는 교직원 회의에서 체벌금지에 관한 내용을 논의한 후, 교사들이 학생들에게 "체벌하지 않겠습니다"라고 선언하면서 교사와 학생들 사이의 간극이 훨씬 좁혀졌다고 한다. 그 과정에서 교사들에게 이지메에 관해 이야기하는 학생도 하나둘씩 나타나기 시작한 것이다.

내 어린 시절 경험을 돌아보더라도 교사에게 이런저런 이야기를 좀처럼 쉽게 하지 못하는 것이 아이들의 현실적인 모습이다. 하물며 권위적인 입장에서 명령하고, 사람을 깔보며, 곧잘 화를 내는 교사(다행스럽게도 개인적으로 이런 교사를 만나본 일은 없었다)에게 자신에 대해 쉽게 털어놓을 수 있는 아이는 없을 것이다.

교사와 아이들 사이의 인간적 신뢰관계란 이지메 발견·해결의 결정적 토대이기도 하지만, 아이가 성장해 학교를 떠난 후에도 여전히 따뜻한 마음을 간직하게 만들어 주는 계기로도 작용한다는 사실을 간과해서는 안 될 것이다.

이지메당하는 아이들의 안전을 확보하고, 이지메하는 아이들이 이지메를 그만둘 때까지

이지메당하는 아이들의 안전 및 교육 보장

그 절박한 피해 상황을 생각할 때 이지메 피해자와 가해자 양쪽에 대한 신속한 대응의 중요성이란 두말할 필요도 없을 것이다. 우선, 이지메를 당하는 아이에 대한 대응의 경우, 이지메를 멈추게 함으로써 아이가 안심하고 학교에 다닐 수 있도록 하는 것이 그 핵심이다. 하지만 현실은 그렇게 간단하지 않다.

우리는 '심신을 희생하면서까지 학교에 갈 필요가 없

다'는 점을 아이들에게 인식시켜야 한다고 강조한다. 이지메당하는 아이는 생명의 위기에 직면해 있다고 해도 과언이 아니므로, 우선은 아이를 안심시키는 일이 무엇보다 중요하기 때문이다. 아울러 우리의 이러한 주장에 대해 많은 등교거부 경험자와 그 보호자들이 지지의사를 표명해 준 것은 실로 기쁜 일이었다.

아이들은 기본적으로 성실하기 때문에 '절대 학교를 빠지면 안 된다'고 생각한 나머지 심각한 이지메를 당하면서도 학교에 가야 한다며 자신을 옥죄는 경향이 있다. 또한, 결국 그것이 최악의 결과를 초래하는 예도 적지 않다. 어른들은 아이들에게 학교에 가는 것은 '행복해지기 위해서'인데, 오히려 불행해진다면 학교에 갈 필요가 없다는 점을 정확히 인식시켜 줘야 한다. 민주주의 사회에서 (의무교육을 포함한) 교육이란 아이들의 권리일 따름이지 의무가 아니다.

이와 관련해 지적하지 않을 수 없는 것이 바로 이지메 때문에 학교에 못가는 아이들에 대한 교육의 보장이 거의 이루어지지 않고 있다는 사실이다. 이지메 때문에 등교를 하지 못하게 된 아이들을 위한 일반적인 공공교육기관은

'적응지도교실(교육지원센터)'이다. 하지만 적응지도교실의 취지는 '집단생활에 대한 적응, 정서적 안정, 기초학력 보충, 기본적 생활습관의 개선 등을 위한 상담·적응지도(학습지도 포함)를 진행함으로써 피해 학생의 학교복귀를 지원하고, 나아가서는 등교거부 아동·학생의 사회적 자립에 이바지하는 것(문과성 방침 〈시안〉)'이기 때문에 많은 문제점이 내포되어 있다. 애초부터 학교의 문제(이지메의 경우, 해결을 위해 적절히 대응할 수 없었다는 것)는 불문에 부치고, 도리어 아이들의 적응력을 문제 삼는 원칙이 대표적이다. 게다가 인프라 면에서 정원에 대한 기준도 없는데다, 내용 또한 지자체에 따라 천차만별이라 수용된 아이들의 교과목 지도마저 제대로 이뤄지지 않음은 물론, 교우관계마저 보장해 주지 못하는 상황이다.

'이지메가 문제'라면서 이지메당한 아이를 '부적응아' 취급하고, 지극히 불충분한 학습 환경밖에 마련해 주지 못한다는 것은 실로 납득하기 어렵다.

물론 '적응지도교실' 외에도 각종 프리스쿨Free school이 존재하지만, 교통비를 포함해 상당한 금액이 소요된다. 이러한 환경을 생각할 때 최소한 그 정도의 경제적 부담과 이지메가 원인이 된 여러 가지 증상에 대한 치료비 등을 공적으로 보장해줘야 할 것이다.

이지메하는 아이들이 이지메를 그만둘 때까지

이지메 문제가 해결되기 위해서는 무엇보다 이지메를 하는 아이들이 이지메를 그만둬야 한다. 이 일에는 가해자가 자신이 저지른 행위를 직시하고 상대의 아픔에 공감하는 것과, 진심에서 우러나는 사죄와 함께 인간으로서 거듭나게 되는 과정까지가 포함된다.

이지메 대책에 몰두해온 교사들의 말에 따르면 '심각한 이지메일수록 타일러서 해결하기 힘들다'고 한다.

어느 중학교의 베테랑 교사는 자신이 담임을 맡고 있던 학급에서 절묘한 이지메 사례를 목격했다. 이지메를 당하던 아이가 수업 중에 뭔가 눈에 띄는 행동을 하자 학급의 모든 아이들이 "B! 차차차" 하며 마치 응원하는 것처럼 목청을 돋웠다. 얼핏 보면 '학급 분위기 참 좋네. 이런 분위기로 가자고!'라며 아이들을 격려해 주고 싶어질 정도로 화기

애애한 분위기였다. 하지만 실상을 알고 보면 아이들이 외친 'B'라는 호칭은 그 학급에서만 통용되던 일종의 은어로, '세균Baikin'을 뜻하는 영어 이니셜이었다. 이지메 주동자는 아토피 증세가 있던 피해자에게 세균이라는 별명을 붙여놓고, 그 아이가 뭔가 튀는 행동을 할 때마다 "B! 차차차" 하는 구령을 외친 것이었다.

교사는 한 학생으로부터 그러한 사정을 전해 듣고 놀라움을 금할 수 없었다. 그래서 이지메를 주도한 아이를 불러 진지하게 이야기했더니, 아이는 이내 반성하는 것 같은 표정으로 "이지메는 나쁘죠. 이제 그만두겠습니다"라고 말했다. 하지만 이지메는 교사의 예상과 달리 그 다음날부터 더욱 음습한 양상을 띠었다. 교사는 아이들에게 놀림받은 아이를 지키기 위한 효과적인 대책과 학급의 전 구성원이 참여하는 토론을 준비함과 더불어 이지메를 주동한 학생에 대해 치밀하게 조사했다. 그 과정에서 가해 아이가 가정에서 학대당한 경험이 있다는 사실을 알게 되었다. 결국 이지메는 그 아이의 견디기 힘든 스트레스가 왜곡된 형태로 표출된 결과였다. 이처럼 이지메를 하는 아이들에게는 반드시 괴로운 배경이 존재한다.

그 괴로움에 공감하고 아이가 빠져 있는 고민을 해결하는 일에 착수할 때, 아이는 피해자가 받고 있는 고통에 공감하게 되며, 이지메를 그만두는 방향으로 나아가게 되는 것이다.

이지메를 하는 학생에 대한 출석정지 조치는 '피해 학생의 안전을 위한 긴급피난' 차원에서 고려해볼 수 있는 선택이다. 그러나 출석정지 기간 동안 이지메를 저지른 학생이 입게 될 마음의 상처나 학습권 등을 충분히 고려하지 않고 그저 학교에만 나오지 못하게 만들어 버릴 경우, 아이의 울적한 마음이 더욱 이상한 방향으로 뒤틀려 상황이 나아지기는커녕 아이가 인간적 갱생의 길로부터 배제되는 결과가 나타날 수도 있다.

보수 정치인들 중에는 아직까지도 이지메를 한 학생에 대해 '엄벌에 처하라', '즉시 전학시켜야 한다'며 일견 과감해 보이지만, 실은 문제 해결에 아무런 도움도 주지 못할뿐더러 결정적으로 그 아이를 불행으로 몰아넣는 주장을 아무렇지 않게 하는 사람이 있다. 이러한 '엄벌주의'의 문제에 관해서는 다음 장에서 좀 더 자세히 다뤄보기로 한다.

전문기관과의 제휴, 경찰과의 관계

이지메의 정도가 심각할 때, 학교가 관련 전문가·기관, 시민단체에 상담을 의뢰하거나 지원을 요청하는 경우도 있다. 아이들을 지키기 위한 노력을 기울이는 데 있어서 그 공간을 학교 안으로 한정할 것이냐의 여부는 부차적인 것에 불과하다.

일본에는 아이들의 심리상담 및 정신보건을 담당하는 임상심리사, 소아정신과 의사, 정신복지센터, 아동상담소, 이지메 문제에 정통한 대학의 연구원이나 시민단체, 아이들의 인권문제를 다루는 변호사 등 수많은 관계자와 관련 단체가 있다. 하지만 아동상담소의 경우 아동학대의 급증이라는 사회적 추세에 그 시스템이 따라가지 못하는 실정인 까닭에, 지역에 따라서는 이지메 사례를 보고해도 좀처럼 대책을 마련해 주지 못하는 경우도 있다.

경찰과의 관계에 대해서도 생각해보지 않을 수 없다. 이를테면 이지메로 인해 공갈이나 강간, 상해 등이 일어났을 경우 피해신고를 하고, 가해자로 하여금 가정재판소의 심판에 근거해 갱생의 길을 걷도록 하는 선택을 할 수도 있기 때문이다. 하지만 그렇다 하더라도 경찰에게 모든 것을 맡길 수는 없다. 경찰은 범죄를 입건하는 것을 그 목적으로 하는 수사기관이지, 아이들을 보살피고 갱생시키는 능력을 갖고 있지 않기 때문이다. 물론 소년문제를 전담하는 경찰관들 가운데에는 아이들의 마음을 이해할 줄 아는 뛰어나고 믿음직스러운 사람도 있다. 하지만 전체를 놓고 보면 경찰 조직에서도 내부에서 성희롱이나 힘희롱과 같은 수많은 문제점이 발견되고 있다. 오쓰 시 사건의 경우 경찰이 학교와의 협의 없이 강제수사를 진행하는 전례 없는 폭거(여론에 어필하는 것이 목적이었던 것으로 보임)를 저지르기도 했다. 사건이 일어난 지 9개월 이상 지난 시점에 경찰이 갑작스레 장시간의 청취조사를 강행하는 바람에 쇼크를 받은 아이들도 적지 않았다고 한다. 결국 경찰과의 관계는 아이들의 안전, 갱생, 성장이라는 이지메 문제 해결의 궁극적 목적을 충분히 고려해, 학교가 주체적으로 검토해야 할 사항인 것이다.

아이들의 자주적 활동 비중 높이기, 이지메를 하기 힘든 인간관계 형성

운동회로 이지메 추방 여론 형성

이지메 일소의 성공 경험들을 조사하면서 접한 대단히 인상적인 사례가 하나 있다. 막 고교생이 된 한 남자 아이가 들려준 자신의 중학교 시절 이야기였다.

"중학교 1학년 때 학급 분위기가 험하다 보니 아이들끼리 싸우거나 이지메를 하는 일이 종종 있었다. 그런데 운동회를 기점으로 분위기가 엄청 좋아지면서 학급 내 서로 다른 그룹들 간의 소통도 활발해지기 시작했다. 서로 어떤 생각을 하고 있었는지에 대해서도 알게 되고, 그 후부터 학급에서 이지메가 일어나려고 하면 주변 아이들이 '그런 짓 하지 마'라며 말렸다. 그 반은 지금 생각해봐도 정말 멋진 반이었다."

운동회뿐만 아니라 문화제나 합창 콩쿠르 등과 관련해서도 비슷한 사례들이 종종 전해진다. 서로에게 무관심하던 아이들이 이지메가 일어나려고 할 때 "그런 짓 하지 마"

라며 서로를 말리게 되는, 이러한 변화야말로 의미심장하다. 결국 열쇠는 학급에서의 인간관계 속에 있는 것이다.

모리타 요지森田洋司 씨의 4층 구조론

이 학급의 인간관계에 주목했던 것이 바로 일본의 대표적 이지메 연구자 중 한 사람인 모리타 요지 오사카시립대 명예교수였다. 그는 '이지메 집단의 4층 구조'를 주창한 것으로 유명하다. 오늘날의 이지메는 가해자와 피해자에 관중(부추기는)과 방관자(모른 척하는)까지 가세한 4층 구조 속에서 일어나고 있다는 것이다. 이는 '예전에 흔히 볼 수 있던 짓궂은 아이들의 국부적 현상이 아니라, 학급의 대부분이 연루되어 서로 상처를 주고받는 구조'[6]라는 이지메의 현재적 특징을 가리킨다. 또한 모리타 씨는 사람이 왜 이지메를 할까라는 시점이 아니라, 사람은 왜 이지메를 활용하지 않을까라는 시점이 중요하다고 강조한다. 어떤 아이든 질투나 경멸 등 '이지메하려는 마음'을 가지고 있는 이상,

---

6   《이지메 – 교실의 병病》, 신정판, 가네코(金子)서방, 1994, 52쪽.

이지메가 일어나는 건 그리 신기한 일이 아니며, 오히려 이지메가 일어나지 않는 게 신기한 것 아니냐는 관점이다. "이지메는, 이지메의 폭주를 억제하는 어떤 제동장치로 인해 멈춰져 있다. 이것이 취약해지고, 기능부전 상태에 빠지면서 이지메가 발생한다." 이러한 시각은 이지메의 원인을 가해자의 심성으로 환원하지 않으며(그럴 경우 표면적인 도덕주의로 귀착되므로), 가정으로부터 학교·사회에까지 이르는 넓은 시야를 통해 치유할 수 있는 가능성을 제시한다는 점에서 매우 탁월하다.

결국 학급의 아이들이 서로를 소중히 대하며 사이좋게 지내면, 이것이 가장 유력한 이지메의 저지 요인으로 작용한다는 것이다. 역으로 학급의 분위기가 좋지 않아 서로가 유기적으로 연결되어 있지 않은 '무리(개체의 수적인 집합)' 상태일 경우, 이지메가 일어나기 쉬운 환경이 되어버린다. 그런 학급이 바로 '공동생활의 장이라는 의미를 상실하고, 자신의 이해만을 도모하는 이들 속에 결국 믿을 사람은 자기 자신뿐이라고 결론 내리게 되는 불안한 사회'[7]라는 것이다.

그런데 이 '저지요인론祖止要因論'과 그 앞에서 다룬 '4층 구조론'은 동전의 양면과 같은 관계다. 결국 이 두 이론은 아이들의 인간관계를 '이지메 저지'의 측면에서 보느냐, 혹은 '이지메 현상'의 측면에서 보느냐에 따라 나뉘는 것이기 때문이다. 이지메는 아이들의 인간관계에 따라 멈출 수도, 더욱 심해질 수도 있다. 따라서 인간관계야말로 이지메의 중요한 키워드인 것이다.

'스쿨 카스트School caste'

그렇다면, 오늘날 학급에서의 인간관계는 어떤 특징이 있을까? 그중 하나로 들 수 있는 것이 바로 '상하관계'라는 요소다. 앞서 소개한 '운동회' 사례에도 '학급 내 서로 다른 그룹들 간의 소통이 활발해지기 시작했다'는 대목이 나오지만, 오늘날 학교의 학급(특히 고등학교. 혹은 초등학교 고학년이나 중학교의)을 구성하는 아이들은 다양한 그룹으로 나뉘어 있으며(이것은 옛날에도 마찬가지였지만), 오로지 같은 그룹

---

7 같은 책, 12쪽.

내에서만 대화가 이루어지기 때문에 다른 그룹과는 '쓰는 언어가 다를' 정도의 이질감이 존재한다. 거의 말을 섞을 일이 없다는 것이다.

거기에 최근 몇 년 새 학급 내에서의 서열화가 '스쿨 카스트'라 불릴 정도로 심화됐다. 현역 고교생들도 '맞는 이야기'라며 공감할 정도다.

"'저 그룹은 교실 분위기를 좌지우지하는데, 왜 이 그룹에게는 '떠들 권리'조차 주어지지 않는 것일까…' 스쿨 카스트는 주로 중고등학교의 학급 내에서 나타나는 히에라르키Hierarchie(신분제도)를 말하는 것으로, 초등학교에서부터 그 맹아萌芽가 관찰된다. 같은 학년 학생들이 집단 속에서 서로를 평가하고 서열화한다는 것이다."**8**

"고등학교는 학생들이 서로에게 서열을 매기고, 왠지 모르게 그것에 모두의 의견이 일치한다. 아무리 영어나 국어 시간에 어처구니없는 대답을 연발하는 녀석이라도 서열만큼은 틀리지 않는다. 크게 나누면 눈에 띄는 사람과 그

---

8   스즈키 쇼오鈴木翔,《교실 내(스쿨) 카스트》, 코분샤(光文社)신서, 2012년.

렇지 못한 사람, 운동부와 문화부, 위와 아래 등으로 구분된다. 눈에 띄는 사람은 눈에 띄는 사람끼리 친해지며, 그렇지 못한 사람은 그렇지 못한 사람끼리 친해진다. 눈에 띄는 사람은 교복을 입더라도 폼 나게 입을 수 있고, 머리카락이 엉키든, 염색을 하든 상관없으며, 큰 소리로 웃거나 떠들어도, 심지어 행사 중에 떠드는 것도 허용된다. 하지만 눈에 띄지 않는 사람은 어떤 것도 해서는 안 된다."**9**

'이지메를 없애자'

이지메 문제의 해결과 관련해 중점을 두어야 할 것은 '이러한 상하관계를 대등하고 자유로운 인간관계로 변화시켜 나간다'는 사고다.

이러한 사고는 이지메 문제 해결에 열심이던 어느 중학교 졸업식의 재학생 '답사'에서 아주 구체적으로 나타난다.

"우리 학년에서는 이지메가 있었습니다. 위에 서는 친구와

---

9 아사이 료朝井リョウ,《기리시마桐島, 특활반 그만둔대》, 슈에이샤(集英社), 2010년, 83쪽.

그 아래 서는 친구, 자신의 의견을 말할 수 있는 친구와 그럴 수 없는 친구. 그런 눈에 보이지 않는 상하관계가 다양하게 존재했던 것입니다. '괜히 한마디 거들었다가 본전도 못 찾는다', '저 친구한테는 무서워서 말도 못 걸겠다', '안 된다는 말 한 마디를 못 꺼내겠다', '다음번엔 내가 이지메를 당할지도 모른다'. 그런 생각 속에서 아무것도 하지 못하고 그저 '보고 있기만' 하던 친구도 있었습니다. 언어폭력, 집단무시…. 그런 일들이 실제로 일어났습니다.

그리고 2학년 진급. 1학년 때와 같은 이지메는 사라졌지만, 이지메의 그림자마저 사라진 건 아니었습니다. 그렇게 3학년이 되기 전 3학기가 끝나갈 무렵 이지메에 대한 학년 집회를 가졌습니다. 이지메하는 친구, 이지메당하는 친구, 그리고 그 모습을 지켜보고만 있던 친구, 모든 친구가 본심을 털어놓았습니다. 질투, 원한, 시기심…. 이지메의 근원이 되는 것들은 이 세계에서 사람들이 살아가고 있는 한 사라지지 않습니다. 그러나 그런 감정을 '이지메'라는 형태로 발현할지 여부는 각자가 얼마나 강한 마음을 갖고 있는지에 달려 있다고 생각합니다. 사람은 절대로 혼자서는 살아갈 수 없습니다. 서로가 서로를 지탱하는 그런 관계 속에서 오늘의 내가 있는 것입니다. '이지메를 없애자, 다같이 힘을 모으자!' 그날 집회에서 우리가 했던 이 다짐을, 결코 잊지 않겠습니다. 이지메는 마음의 상처와 후회를 남길 뿐입니다. 세상에 이지메당하는 것을 기뻐할 사람은 없습니다."

위에서 인용한 것은 기후 현에서 활동 중인 '부모와 교사를 이어주는 모임'이라는 서클의 학습회에 보고된 리포트 내용 중 일부다. 교사집단과 아이들은 이처럼 크나큰 잠재력을 갖고 있다. 이러한 잠재력을 이끌어내는 것이 바로 모두와의 소통을 통해 여러 문제를 극복하는 실천인 것이다.

대등한 인간관계를 형성하는 힘 기르기를 학교교육의 요체로

이러한 실천을 학교교육의 요체로 삼아야하지 않을까. 학교(사회)가 아이들에게 가르칠 것은 공부뿐만이 아니다. 더불어 사는 기쁨 또한 가르쳐야 한다. 그런 교육이야말로 아이들을 행복하게 할 수 있다.

하지만 그런 교육을 벼랑 끝으로 몰아가는 역학力學이 학교 주변을 맴돌고 있다. 대단히 우려스러운 일이라 하지 않을 수 없다. 특히 '유도리ゆとり 교육'[10]에 대한 비판으로 시작된 '학력 향상' 정책은 학력테스트 평균점 상승이나 진학실적 등을 학교의 절대목표로 만들어버렸다. 그리고 이러한 분위기는 '인간관계를 형성하는 힘'이라는 학교교육의 주요 요소를 뒷전으로 밀어내고 등한시하는 경향을 확산시켰다.

실제로 교육현장에서 '수업시수授業時數 확보'로 통칭되는 수업시간 연장이 대폭적으로 이뤄지고 있다. 물론 미술이나 음악이 아니라, 국어, 산수(수학), 이과, 사회, 영어 같은 과목들이다. 교사들은 '수업시수'를 채웠는지 여부를 추궁당하고, 학생들 사이에 독감이 퍼져 학급폐쇄를 해야 하는데도 '수업을 하지 않으면 추궁당한다'며 호소하는 교사

---

10 입시 위주의 주입식 암기교육이 아니라 스스로 생각하고 해결하게 하는 여유 있는 교육. 자유롭고 민주적인 교육제도를 정착시키고 개인의 창의성을 극대화하려는 취지에서 비롯되었다. 그러나 일본의 장기적인 경기침체 이후 보수정치 세력 등에 의한 비판론이 고개를 들었다. (※ 역자 주)

들까지 있다. 수업 시간의 연장으로 운동회나 문화제를 준비할 시간이 줄어든 사례도 있다. 운동회나 문화제는 아이들이 함께 의논해 만들어 가는 행사다. 그 과정에서 아이들은, 이를테면 함께 결정한 내용이 제대로 실행되지 않아 문제가 생길 경우 소통을 통해 극복하는 더할 나위 없이 소중한 경험을 하게 되는 것이다. 이런 기회들이 사라지고 있다.

이 책에서 언급한 아이들의 현실은 인간관계를 형성하는 힘을 길러야 할 필요성을 시사해준다. 이제 인간관계를 교육의 요체로써 중시해야 할 시기가 온 것이다. 또한 이것이야말로 진정한 의미에서 아이들의 학습역량을 이끌어낼 수 있는 궁극적 대안 아닐까.

이지메는 아이들이 가장 잘 알고 있다

이지메는 세계적으로도 심각한 문제로, 많은 나라가 독자적 이지메 방지 프로그램을 고안해 실천을 거듭하고 있다. 각 프로그램은 아이들 스스로 이지메를 해결할 수 있는 역량을 형성하는 데 중점을 두고 있다. 그 대표적인 예라 할 수 있는 것이 영국에서 등장해 현재 국제적으로 확산되고 있는 '피어 서포트Peer support', '피어 카운슬링Peer counseling'이다. 여기서 '피어'란 '동료'를 의미하는 것으로, '피어 서포트'란 동료(동급생)가 고립될 가능성이 많은 학생을 지원하고, 근심거리에 대한 상담을 진행하며, 이지메나 싸움이 일어날 경우 조정調停까지 맡는 것을 말한다. 물론 피어 서포트를 담당하는 학생들을 위한 연수 프로그램도 운영되며, 직접 상담 상대에게 가지 않고 곁에서 격려해 주는 등의 역할을 수행하는 학생들도 있다. 물론 일본에도 이러한 방법을 도입한 학교가 있다.

이지메에 관해서는 아이가 누구보다 잘 알고 있다. 따라서 이지메를 멈추게 하는 데 있어서도 아이들의 말이 가장 효과적이다. 그리고 많은 아이들이 지금 당장 행동에 나서지는 않더라도 '이지메 문제 해결을 위해 뭐든 하고 싶다'는 마음만큼은 갖고 있다. 이러한 아이들의 잠재력을 신뢰하고 이끌어내는 것이야말로 이지메의 방지 · 해결에 가장 큰 힘으로 작용할 것이다. 여기서 지향할 점은 아이들의 인간관계를 위계적이거나 상호 공격적인 것이 아닌 대등하고 조화로운 관계로 형성해 간다는 것이다. 이는 이지메 문제 해결을 위해 현재 일본에서 등장하고 있는 다양한 실천과 일맥상통하는 점이 있다.

학생들이 서로 대등한 관계 속에서 안심하며 지낼 수 있는 환경을 조성하는 일은 이지메 문제의 해결에 있어 대단히 효과적이지만, 일단 그런 인간관계 자체가 아이들에게 있어서도 평생의 보물처럼 값진 것이기도 하다는 점에 주목할 필요가 있다.

그 중요성은 교육 관계자들이 서로의 입장차를 넘어 공통적으로 인정해야 할 지점이기도 하며, 그런 맥락에서 이지메에 대한 억지력을 상실한 학급과 자주적 활동을 통해 이지메가 일어났을 경우 아이들 스스로 '그만두라'며 제지할 수 있는 자정능력을 가진 학급 사이의 간극은 우리에게 이지메 해결의 올바른 방향성을 시사해 준다. 이렇듯 좋은 학급을 만들자는 목표를 위해 많은 학교 관계자가 따뜻한 시선을 갖고 함께 힘을 모을 수 있기를 바란다.

시안試案의 성격,
입장을 넘어 일치 가능한 내용으로

마지막으로 아이들의 생명을 지키기 위한 학교의 이지메 대응 기본방향과 관련해 다음 두 가지를 강조하고 싶다.

첫째, 이 기본방향은 사상 · 신조의 차이를 넘어 교육현장은 물론 관리직을 맡고 있는 이들에게까지 적용될 수 있도록 만들어졌다. 당장 내 눈앞에 있는 아이들의 생명만은 지켜내자는 생각으로 마음을 모은다면 누구와도 터놓고 대화할 수 있고, 또한 그 내용을 참고해 교육현장에서 활용할 수 있을 것이다. 학력테스트나 '기미가요君が代' 제창 강요 등에 의견차가 있을지라도, 눈앞에 있는 아이들의 소중한 생명을 이지메로 잃는 불행한 사태만은 막아보자는 차원에서 교육행정 분야를 포함해 많은 학교 관계자들 간의 대화와 협력이 확대되기를 기대한다.

둘째, 우리는 일본공산당의 '제안'에 대해 '시안이며, 아직 완성된 것은 아니'라고 언급한 바 있다. 이지메 관련 대응은 학교의 교육활동이며, 교장을 위시한 전 교직원과 보호자의 대화를 통해 자주적으로 확립되어야 한다. 이와 관련해서 어떤 형태로든 정당이나 정치권 등이 '이것이 옳다'는 식으로 강요하는 것은 민주주의 원칙에 반하는 일이다. 우리의 인식에는 한계가 있으므로, 당연히 '제안' 역시 완벽하지 않을 것이라 생각한다. 우리는 이 점을 명확히 해두고 싶었다. 따라서 '전국 각지의 학교들이 나름의 경험을 통해 보다 좋은 방향으로 발전할 수 있기를 진심으로 기대한다'는 구절을 덧붙인 것이다. 또한 이는 다양하고 폭넓은 분야의 사람들과 함께 문제 해결의 길을 모색하고 싶다는 일본공산당의 기본적 입장임과 동시에, 교육문제를 바라보는 정당·정치의 순리적 태도이기도 할 것이다.

4

'이지메 사회'도 바꾸자

2단 구조의 정책

우리는 이지메로부터 눈앞의 아이들을 지켜내기 위한 긴급대책과 더불어, 보다 근본적인 대책이 강구되어야할 필요가 있다고 생각했다.

심각한 이지메가 전보다 빈번하게 일어나고 있는 것은 틀림없는 사실이다.[11] 물론 이런 각각의 이지메로부터 아이들을 지켜내는 일도 중요하지만, 단지 그것뿐이라면 문제를 해결한 이후에도 더 많은 이지메에 직면할 가능성이 사라지지 않는다. 따라서 조금은 차분하게 도대체 무엇 때

---

[11] 이지메 연구로 유명한 모리타 요지 씨는 1980년대 치밀한 조사를 통해 이지메가 '아이들의 세계에 전례 없이 광범위하게 확산되어' 있으며, '기본오차를 최대한으로 어림잡더라도 이지메가 없는 학급이 ⋯ 전체의 2할을 넘지 않는다'고 밝혔다. (모리타 요지, 《이지메 – 교실의 병病》, 39~41쪽) 또한, 이지메의 양상과 관련해서는 1장에서 살펴본 것처럼 병리적이며 가혹하다는 특징이 나타나고 있다.

문에 이 정도로까지 이지메가 확산되었는지 생각해 보고, 그 요인 제거에 착수할 필요가 있다.

그런 의미에서 우리의 정책은 긴급대책과 근본대책의 2단 구조로 만들어졌다.

정책을 2단 구조로 한 것은 이지메 문제와 관련한 논의를 진행할 당시, 일종의 '교통정리'를 해두기 위해서이기도 했다. 이지메 문제와 관련한 테마는 실로 다양하기에 긴급대책과 근본대책이 동시에 논의되면 이야기들이 서로 얽혀버리기 쉽다. 따라서 이 장에서는 일단 근본적 대책을 중심으로 이야기하고자 한다.

아이들의 짜증, 고립감의 확산

이지메의 '싹'은 어느 시대 어느 사회에든 도사리고 있다. 남을 시샘하는 마음과 북받쳐 오르는 짜증을 남에게 폭발시키고 싶은 마음은 으레 사람을 따라다니기 마련이라 국제적으로도 그토록 많은 나라에서 이지메가 사회문제로 떠오르고 있는 것이다.

문제는 이러한 '싹'이 이지메를 심각하게 할 가능성을

지니고 있는지의 여부다. 물론 각 사회의 성격에 따라 나타나는 차이는 있겠지만, 조금 단순화하면 아이들의 마음이 평온한 사회일 경우, 타인을 괴롭히고 싶다고 생각하는 아이도 많지 않을 것이다. 하지만 스트레스가 쌓이고 울화가 치미는 사회라면, 이지메가 일어날 가능성 또한 높아질 것이다. 이지메가 과거에 비해 심각화·일상화되는 이유는 과거와 비교했을 때 아이들이 대단히 강한 스트레스를 받고 있다는 사실의 반증이다. 그럼 지금부터 이 시대 아이들의 스트레스에 대해 몇 가지 각도에서 살펴보도록 하겠다.

【그림1】 바쁜 아이들
- 시간적 여유가 없다 -

1997년	30.6%
2007년	41.6%

(출처) 하쿠호도博報堂생활종합연구소 〈어린이 생활 10년 변화〉.

▷ **바쁜 아이들 :** 무엇보다 아이들이 예전보다 바빠졌다. 아이들 열 명 중 네 명은 '시간 여유가 없다'고 호소하고 있다. 보습학원에 다니는 아이들의 비율은 초등학교 2학년의 경우 1985년 10.1%에서 2007년 19.3%, 중학교 3학년의 경우 1985년 47.3%에서 2007년 65.2%까지 늘어났다. 여기에 다른 레슨이나 통신교육 등이 더해진다.

【그림2】 학원 통원 비율의 변화

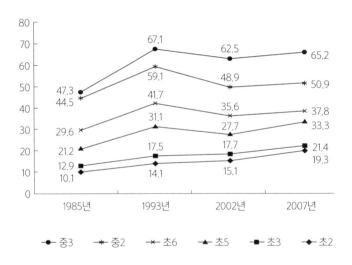

(출처) 문부과학성 〈어린이 교외학습 활동에 관한 실태조사 보고〉 2008년.

문제는 이 '다망함'이 아이들의 놀 시간이나 잠잘 시간처럼 성장에 필수적인 요소를 줄어들게 하는 악영향을 끼치고 있다는 사실이다.

아이에게 놀이란 무시할 수 없는 역할을 한다. 아이들은 놀이를 통해 심리적 해방감을 느끼고, 마음을 단련시키기 때문이다. 또한 다양한 창의적 궁리를 통해 뇌를 단련시키며, 문제의 해결이나 어린아이 돌보기 등 인간관계 습득의 장으로도 기능한다.

하지만 요즘에는 어른도 무색할 정도의 스케줄 조정을 거쳐야 겨우 놀 수 있을까 말까 한 아이들이 드물지 않다. 방과 후나 휴일에 집 근처 공원에 나가면 반드시 친구들을 만날 수 있고, 함께 어울려 뛰놀 수 있던 풍경은 어느덧 옛날이야기가 되어버린 느낌이 든다.

'잘 자는 아이가 잘 큰다'는 말도 있지만, 최근 뇌과학Brain science 연구자들은 수면을 취하는 동안 뇌의 '메인터넌스Maintenance'가 이루어지기 때문에, 특히 유아와 어린이들에게 수면이 중요하다는 사실을 밝혀낸 바 있다.

이 '메인터넌스'가 이루어지는 곳이 바로 학습·기억 등

【그림3】 외국에 비해 짧은 일본의 수면 시간

❶ 0~3세 수면 시간에 대한 각국 조사

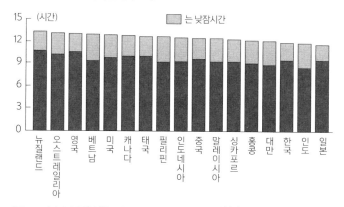

(주)   카미야마 준神山潤(소아과의사, 도쿄만·우라야스시浦安市의료센터CEO) 연구팀
*   2007년 조사.*
(출처) 《마이니치신문》 2011년 2월 27일 자.

❷ 일본·미국·중국 고등학생 각 1000명 설문조사

	일본	미국	중국
1) 오후 9시 이전	0.8	3.9	1.5
2) 9시 이후 ~ 10시경	2.8	18.0	9.4
3) 10시 이후 ~ 11시경	12.3	38.3	42.6
4) 11시 이후 ~ 0시경	25.2	22.0	35.9
5) 0시 이후 ~ 1시경	35.6	8.4	7.8
6) 1시 이후 ~ 2시경	16.2	3.9	1.2
7) 2시 이후~	6.7	1.4	1.1
무응답	0.3	4.1	0.5

(출처) 일본청소년연구소, 2005년 3월 조사.

을 관장하는 대뇌피질인데, 여기서 스포츠·공부 등을 좌우하는 힘이 바로 '수면력'이라는 것이다. 그렇다면 과연 얼마만큼의 수면이 필요한 걸까. 사람에 따라 차이가 있겠지만, 일본과 미국에서 실시한 조사결과에 따르면, 초등학생은 10~11시간, 청소년기(11~17세)는 8.5~9.25시간의 수면이 필요하다고 한다. [12] 그러나 일본은 어른들도 아이들도 수면시간이 대단히 짧은 나라다.

▷ **인간관계에 어려움을 느끼는 아이들** : 인간은 사회적 동물이다. 아기가 주위를 돌아보며 웃음 짓는 것처럼, 인간은 다른 사람들과의 교류를 통해 비로소 행복해진다. 하지만 최근엔 아이들의 인간관계에서도 적지 않은 변화가 일어나고 있다.

무엇보다 부모들이 바빠졌다. 이전에는 아버지들이 일 때문에 집을 비워 문제가 되었는데, 요즘에는 어머니들까지 힘들어졌다. 아이들이 밤에도 학원에 가야 하니 별 수

---

12 시라카와 슈이치로白川修一郎 국립정신·신경센터 연구원

없이 저녁식사도 뿔뿔이 흩어져 하는 집도 많다. 가정은 아이들에게 인간관계를 구성하는 토대가 된다. 평일 저녁에는 가족 모두가 한자리에 모여 놀고, 식사를 하는 것이 당연하며, 부모들은 몇 주간의 여름휴가를 쉽게 낼 수 있는 북유럽 국가들의 상황을 생각해 보면, 일본의 아이들은 국가 규모의 '인체실험'을 당하고 있는 것 같다는 생각마저 들 정도다. 민청동맹(일본민주청년동맹) 치바 현 위원회 부위원장 미야기 미노리宮城みのり 씨는 일본공산당 주최 심포지엄에 패널로 참석해 청취조사 과정에서 들었던 고교생들의 이야기를 소개했다. 그녀는 이지메를 당한 경험이 있는 고교생도, 이지메를 한 경험이 있는 고교생도 '쓸쓸함'을 느낀다는 공통점이 있다고 강조했다. 밤, 아무도 없는 집에서 혼자 있는 시간에 대해 '아무런 소리도 들리지 않고, 그저 휑한 느낌만 드는, 이 쓸쓸함을 아시나요'라던 어느 고교생의 말을 잊을 수가 없다.

친구관계도 힘들어졌다. 앞 장에서 소개한 학생들 사이의 상하관계, '스쿨 카스트'가 최근 몇 년 새 기하급수적으로 확산된 것도 그 큰 원인 중 하나다. 여기에 전부터 지적되던 '친구지옥'[13]이라 이름 붙여진 친구관계에 대한 걱정이 더해진다. 청취조사를 실시하면서 우리는 아이들로부터 '친구에게만은 속내를 털어놓을 수 없다'는 이야기를 들었다. 나이 드신 분들은 고개를 갸우뚱할지도 모른다. '친구에게야말로 속내를 털어놓을 수 있는 것 아닌가'라며.

여기서 조금 더 아이들의 이야기를 들어보자. 요즘 아이들은 예를 들어 좋아하는 음악이나 연예인이 다르다는 걸 알게 되는 것만으로도 서로에게 거북함을 느낀다고 한다. 그래서 정말 좋아하는 연예인에 대한 것은 화제로 삼지 않고, 적당히 상대의 기분을 맞춰주며 그 자리의 분위기가 깨지지 않도록 세심한 주의를 기울이면서 친구관계를 이어가고 있다는 것이다. 이것을 능숙히 해내지 못할 경우 'KY'[14]라며 비난받을 수도 있다. 그래서 분위기를 잘 맞출 수 있도록 자신의 캐릭터를 설정하는 방법이 사용되기도 한다. 이를테면 자신은 실제로 책을 좋아하는데도, 그것을

---

13 도이 다카요시土井隆義 씨의 표현을 인용.
14 '공기(空気, kuuki)'와 '읽다(読む, yomu)'의 영문 이니셜. '공기를 읽지 못한다(분위기 파악이 안 된다)'는 의미.

그대로 말하면 '범생이' 티를 내는 것이라 분위기가 고조되지 않을 수 있기 때문에 책을 잘 읽지 않는 '꼴통' 행세를 해서 친구들에게 받아들여질 수 있도록 하는 경우를 그 예로 들 수 있다. 대체 무엇 때문에 이렇게까지 해야 하나 싶을 정도의 인간관계가 아이들 사이에 확산되고 있는 것이다.

물론 이것도 모든 아이에게 해당되는 경우는 아니며, 변함없는 우정은 지금도 존재한다. 하지만 전체적인 관점에서 볼 때, 친구관계가 힘들어졌다는 것만은 분명한 사실이다. 조금 오래된 데이터이기는 하지만, 국립교육정책연구소에서 일하는 타키 미츠루滝充 씨의 조사에 따르면 '친구'는 아이들의 스트레스인자Stressor 중 두 번째 비중을 차지한다고 한다. [15]

수면시간은 짧고, 마음대로 놀지도 못하며, 심지어 인간관계에서까지 어려움을 겪는다면 어른이라도 상당한 스트레스가 쌓인다. 오늘날 아이들은 이러한 환경에 노출되어 있는 것이다.

---

15 조사대상은 1998년 수도권 소재 중학교 학생 전체. 츠치야 모토노리土屋基規 외 편저, 《이지메와 싸운 나라들》, 미네르바서방, 2005년, 46~48쪽.

▷ **최고의 스트레스인자는 공부 :** 앞에서 인용한 바와 같이 타키 미츠루 씨의 조사결과에서 '친구'보다 높은, 최고의 위치를 점하는 스트레스인자는 '공부'였다. 물론 이미 예전부터 이런 경향이 존재했다고도 할 수 있겠지만, 분명한 사실은 최근 들어 그 정도가 특히 심해졌다는 것이다. 실제로 교육현장의 현실을 살펴보면, 학습지도요령 하나만 놓고 보더라도 그 내용이 지나칠 정도로 많다. 그러니 교사들은 가르치는 내용을 이해하지 못해 난감한 표정을 짓는 아이가 있어도 수업을 진행할 수밖에 없다. 뿐만 아니라 '학력 향상'을 부르짖는 여론은 소통을 통해 실천하는 재미있는 수업을 진행할 여유마저 빼앗고, 그저 내용의 반복만을 거듭하며 많고 많은 숙제만 양산하고 있다.

이러한 현실 속에 내던져져 있는 아이들에게 있어 수업시간이란 '바보취급을 당하고, 차별을 당하는 시간'일 뿐이다. 이지메의 양상이 날로 격화되는 중학생의 경우, 고입의 중압감까지 더해져 고통받는다. 사람은 수많은 일탈과 동요 속에서 성장한다. 그 가운데 가장 먼저 찾아오는, 동요 속에서 성장하는 시기, 즉 사춘기에 취약한 교과목 때문에 희망하는 고등학교에 합격하지 못할 수도 있다는 우려를 하며, 일상에 대한 태도마저 점수화點數化된 채 자신의 내신점수나 편차치偏差値를 조금이라도 올리는 일에 급급한 아이들. 결국 일본적 교육시스템 하에서 공부는 최고의 스트레스인자인 것이다.

▷ **자존감이 낮은 일본의 아이들** : 아이들의 심한 스트레스는 다양한 형태로 발현된다. 일본의 경우 특히 우려되는 점은 아이들의 자존감이 낮다는 것이다.

　이와 관련해서 청소년의 QOLQuality of Life에 대해 대규모 조사를 진행한 소아정신과 의사 후루쇼 쥰이치古荘純一 아오야마가쿠인青山学院대학 교수는 "보통의 경우 사춘기를 지나 성인이 될 무렵이면 회복되어 있어야 할 자존감이, 성인이 되고 난 후에도 낮은 상태에 머물러 있다"고 경고한다. **16** 그에 따르면 유아적 만능감萬能感**17**을 갖고 있던 아

16　《일본의 아이들은 왜 자존감이 낮을까?》, 코분샤신서, 2009년, 5쪽.

17　자신이 뭐든 해낼 수 있을 것 같은 감정. 이 감정을 유아기에 적절하게 길러주는 것은 정신건강과 자아실현을 위해 대단히 중요하다.

이가 성장하면서 현실이 그리 녹록치 않다는 걸 알게 됨에 따라 자존감이 저하하고, 이내 '이런 나라도 나쁘지 않다'는 느낌과 함께 자존감이 상승하는 것이 일반적 패턴이라는 것이다.

그러나 일본에서는 '초등학교 3·4학년 정도부터 자존감 저하가 시작되어 중학교, 고등학교 시절을 거칠 때까지 계속 내려가기만 할 뿐'이라는 것이다. 수줍음이 많은 일본인의 특성 때문이 아닐까 생각하는 이들도 있겠지만, 그럴 경우 유럽의 일본인학교에서 공부한 아이들의 높은 자존감을 설명할 수가 없다. 후루쇼 씨는 표를 정리하는 과정에서 자기 자신은 물론 가정과 학교까지를 포함한 거의 모든 항목에 '제로(0)'라고 기입한 아이들이 학급마다 '널려 있다'는 사실에 주목할 필요가 있다고 강조했다.

자기긍정의 감정은 자신을 타인에게 종속시키거나 비하하지 않고, 스스로의 삶을 살아갈 수 있도록 해 준다는 점에서 대단히 중요하다. 이는 약점이나 어두운 부분까지를 포함하는 온전한 자신에 대한 신뢰일 것이다. 이것이 없기 때문에 스스로에게 짜증을 느끼고 타인에게도 이유를

【그림4】 자존감이 낮은 일본의 아이들

❶ 독일 아이들과의 비교

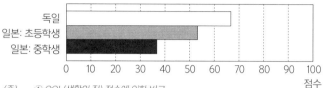

(주)　① QOL(생활의 질) 점수에 의한 비교.
　　　② 독일의 4학년(일본의 초등학교4학년)과 8학년(일본의 중학교2학년)의 평균.

❷ 네덜란드와 일본인학교의 비교

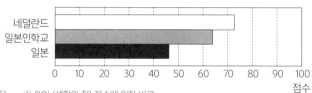

(주)　① QOL(생활의 질) 점수에 의한 비교.
　　　② '일본인학교'는 네덜란드의 일본인학교를 뜻함.

❸ 현재 자기 자신을 좋아하는가 (일본)

	매우 그렇다	조금 그렇다	별로 그렇지 않다 / 전혀 그렇지 않다
초5	20.6	36.5	42.6
중2	6.7	20.6	71.6
고2	5.1	21.2	72.6

(주)　이 조사는 국립청소년교육진흥기구의 〈청소년의 체험활동 등과 자립에 관한
　　　실태조사〉(2009년)에 따름.

(출처)　위 그림의 1과 2는 후루쇼 준이치 《일본의 아이들은 왜 자존감이 낮을까?》(코분샤
　　　신서, 2009년), 3은 국립청소년교육진흥기구 홈페이지. 도표화는 저자.

알 수 없는 분노를 느끼게 되는 것 아닐까. 짜증과 분노에 사로잡힌 아이들이 늘어나고 있다.

▷ **다양한 공격적 행동의 근원 :** 아이들은 이전에 겪어보지 못했던 스트레스 속에서 이지메를 격화시키게 된다. 하지만 여기서 격화되는 것은 이지메뿐만이 아니다. 그 스트레스가 자기 자신을 향하게 되면, 팔목을 긋는 등의 자해행위로 나타나게 되기 때문이다. 또한 그것이 타자他者를 향하게 되면 교내폭력이나 학급붕괴의 원인이 되고, 더 나아가서는 새디즘Sadism적인 동물학대 등으로까지 발전하게 된다. 모두 최근 들어 증가세로 지적되고 있는 것들이다. 아이들의 이러한 공격적 행동은 우연히 나타난 게 아니다. 그들을 괴롭히는 끊임없는 스트레스, 짜증, 그리고 고립상태 등이 원인이라는 점을 알아야 한다. 또한 이는 아이들이 스스로 만들어낸 것이 아니라 교육을 포함한 사회 전체가 만들어낸 것이다. 이것이 바로 사회적 차원에서 근본적 대책이 강구되어야 하는 이유다.

'이지메 사회'와 신자유주의

"모리오카盛岡 성터 풀밭에 누워 하늘을 보면 마음이 빨려가는 듯하던 15세"[18]

이 시 구절에서 묘사되는 풍경처럼 평온하게 자라야 할 아이들이 가슴속에 마그마Magma 같은 짜증을 안고 극심한 고립감에 휩싸여 있다. 도대체 무엇이 아이들을 이런 상태로 몰아넣고 있는지, 우리 사회가 진지하게 생각해 봐야 할 시기다.

태어나는 아이들은 달라지지 않았다. 그러나 태어난 이후 접하게 되는 환경은 크게 바뀌었다. 구조개혁構造改革, 신자유주의라는 이름으로 알려진 경제 · 사회적 변동이 그 주 원인이다. 그리고 이 변동을 촉발시킨 원리가 바로 약육강식의 경쟁원리다. 사회는 공격적으로 변했고, 가히 '이지메 사회'라 불릴만한 양상을 띠게 되었다. 일본에 신자유주

---

18 이시카와 다쿠보쿠石川啄木의 시 〈한 줌의 모래〉 중에서.

의가 확산되어 빈부의 차가 확대되었던 1990년대 후반은 일본의 교육현장에서 학교폭력이 급증했던 시기와 완전히 겹친다. 이 시기, 이지메의 폭력성 또한 심화되었다고 한다.

신자유주의의 본질이란 한 마디로 서민이 가지고 있던 부와 재산을 대자본과 대자산가들에게 이동시키는 야만적

【그림5】 신자유주의와 함께 급증한 교내 폭력
– 1995년을 100으로 했을 때의 변화 –

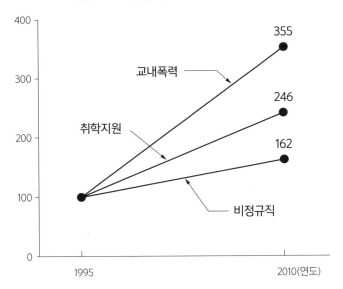

운동이다. 또한 신자유주의는 나중 일이야 어찌되든 이윤 추구를 위해서라면 무슨 짓이든 하는 자본의 운동에 의해 인간다운 생활을 지키기 위해 만들어진 수많은 제도—이를테면 고용보장의 룰Rule 같은—를 걷어내는 한편('규제완화'), 자본의 운동에 '자유'를 부여한다.

일본의 경우 파견노동의 확대(1996년) 등으로 국민의 고용이 불안정한 상태로 변했다. 최근 20년 사이에도 노동자 소득은 줄어드는 반면, 대기업의 수익은 계속 늘고 있다. 기업에는 정리해고의 광풍이 불어닥치는가 하면, '약하다', '쓸모없다' 등의 꼬리표가 붙여진 사람들이 사회로부터 밀려났고, 사람을 물건 취급하는 근무방식이 확산되었다. 한 체인점에서 아르바이트를 하고 있는 고교생은 "움직임이 굼뜬 아이가 들어오면, 모두가 이지메를 해서 빨리 그만두게 하는 일이 당연시된다. 그렇게 하지 않으면, 우리가 피해를 입기 때문"이라고 말했다.

또한, 사회적 약자의 권리를 보장하기 위한 사회보장제도도 공격의 대상이 되었다. 소득이 1억 엔을 넘으면 조세 부담률이 오히려 줄어드는 부자 우대의 나라 일본에서 생

【그림6】소득 하락과 대기업 이익 증가

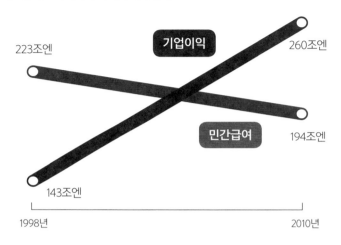

기업이익

223조엔

260조엔

민간급여

194조엔

143조엔

1998년

2010년

(출처) 재무부, 국세청 자료에 의거해 일본공산당이 작성.

활보호수급자에 대한 대대적인 공격이 이루어지는 가운데, 생활보호 신청을 거절당한 사람들이 아사餓死로 내몰리고 있다. 실로 약자를 이지메하는 정신을 아이들에게 가르치는 사회라 해도 과언이 아니다.

신자유주의는 가정에도 그늘을 드리운다. 가족의 단란한 여유를 사라지게 해 그 기능을 마비시키는가 하면, 부모들을 내 아이가 '승자 그룹'에 들어가게 만들어야 한다는 압박감에 시달리게 만들었다. 아이와 한가롭게 지내는 시간조차 허락되지 않는 환경에서, 뭔가 특징이 없으면 살아남을 수 없기에 아이를 어린 나이부터 셀 수도 없는 학원에 보내야만 하는 부모들의 심정을 생각하면 안타깝기 그지없다. 게다가 육아는 넘쳐나는 정보와 '자기책임론'에 농락당하고 있다. 오늘날 일어나고 있는 가정의 변용變容은 아이들에게도 당연히 괴로운 일이지만, 부모들에게 있어서도 결코 편안한 상황이 아니다.

공격적인 사회는 문화 또한 공격적이기 마련이다. TV를 켜면 수많은 연예인이 '장난'의 대상이 되거나 '놀림'을 당하는 등 사람을 괴롭히는 모습을 통해 웃음을 유도하는 방송 프로그램이 판을 치며, 공격적 · 폭력적 요소로 가득 찬 게임이 시중에 난무한다. 뿐만 아니라 이윤제일의 소비문화가 마수를 뻗쳐 끝없이 욕망을 자극하고 부풀림에 따라, 아이들은 언제나 공허한 감정 상태로 지내게 된다. 왠지 모르게 짜증스러운 그 마음을 약자에 대한 공격으로 해소하려는 것이야말로 공격적 문화의 특성인 것이다.

신자유주의는 당연히 교육정책에도 영향을 끼쳤다. 신

자유주의 초기 재계의 주도로 시작된 '교육개혁'은 요컨대 교육계에 노골적인 경쟁원리를 도입하려는 의도를 가지고 있었다. 그리고 '학군자유화', '공립중고일관교公立中高一貫校'[19], '교원평가제도', '전국 학력 테스트' 등 수많은 '개혁'이 학교를 덮쳤다. 그 결과 학교가 '학력 향상'이라는 네 글자의 포로가 되어 아이들의 인간관계를 형성하는 힘을 전에 없이 등한시하게 되었다는 사실은 이미 살펴본 바와 같다.

사회와 교육 개선을 위한 세 가지 방향

중요한 것은 이런 사회와 교육을 단지 비판하는 데서 그치지 않고, 바꿔가야 한다는 점이다. 이와 관련해 우리는 아이들과 교육문제를 중심으로 다음 세 가지 제안을 내놓았다.

첫 번째는 '아이들의 목소리에 귀를 기울이고 사회참여를 보장함으로써, 그들의 성장을 지원하는 사회 · 교육을

---

19 중학교에서 무시험 혹은 그에 가까운 형태의 전형을 통해 병설·제휴 고등학교에 진학할 수 있게 하는 시스템. 애초에 정부가 발표한 취지와 관계없이 아이들이 초등학교를 졸업할 무렵부터 입시전쟁에 노출되는 결과를 가져왔다. (※ 역자 주)

만들자'는 것이다.

이 제안에는 아이들에 대한 우리 사회의 '시선'을 바꿔야 한다는 메시지가 담겨 있다. 이러한 사회의 '시선' 중 대표적인 것이 바로 '학력저하'론과 청소년이 일으키는 사건들을 대하는 '무슨 짓을 할지 알 수 없는 젊은이(아이)'론일 것이다. 두 가지 모두 '아이들에 대한 지도를 강화하자'는 결론밖에 도출할 수 없다. 학력이 저하했다면 쉬는 시간을 줄이고 수업시간을 늘리면 되고, 무슨 짓을 할지 알 수 없다면 규범의식을 심어주면 된다는 식의 논리. 그러나 그런 생각을 가진 '교육자'야말로 교육의 대상 아닐까.

이미 언급한 바와 같이 아이들은 이전과는 비교조차 하기 힘든 고민과 불안을 안고 살아간다. 이런 아이들에게 '바람직한 모습'—결국 자신들이 생각하는 이상적인 모습—에 대해 설교한다니, 그야말로 우스운 일 아닐까. 이를테면 이는 취업자 두 사람 중 한 사람밖에 정규직이 될 수 없는 시대에, 정사원으로 취직해 안정된 가정을 꾸리라고 윽박지르는 것이나 다름없다. 아이들의 있는 그대로의 고민에 귀 기울이고, 그 배경의 사회적 현실에 대해 이해하며,

이러한 현실 속에서도 아이들의 성장을 지원하려면 무엇이 중요한지 생각하는, 그런 관계를 아이들과 공유하는 것이 진정 땅에 발 딛고 선 교육자의 자세인 것이다. 바로 이때, 아이들은 단지 가르칠 대상이 아닌 어른들의 '교육자'가 된다. 더 나은 사회와 교육의 방향을 목표로 제시해 주는 '사람'이 될 수 있다. 자신의 고민과 불안을 어른들에게 정확하게 전달한 아이들은 안심하고 생활할 수 있다. 또한 그만큼 이지메를 격화시키는 토양도 사라질 것이다.

이러한 관계를 구성하기 위해서는 아이들의 사회참여가 필수적이다. 우리는 짜증과 고립감을 안고 있는 아이들 마음속에서야말로 '나다운 삶'과 '서로 속내를 털어놓을 수 있는 친구'를 원하는 강렬한 바람과 날카로운 정의감이 자라나고 있을 것이라 믿는다. 이를 학교와 사회를 바꾸는 일에 활용해야 할 것이다. 이미 유럽의 여러 나라에서는 학생의 학교 운영 참여제도 등 아이들의 사회참여와 관련한 다양한 실험이 이루어지고 있다. 아이들의 힘을 사회적으로 활용함으로써 서로 윈윈Win-win할 수 있는 관계를 구축한다는 의도에서 비롯된 것이다. 아이들과의 이러한 관계 맺기가 가능한 사회라면 분명 어른들 사이에서도 상하관계가 아니라 대등하고 평화로운 인간관계가 확산될 수 있을 것이다.

두 번째는 '경쟁적 교육제도로부터의 탈피를 서두르자'는 것이다. 구미의 경우엔 그렇지 않지만, 일본의 고등학교는 입시를 거쳐 진학하는 것이 일반적이다.

대학진학의 경우도 구미에서는 전국적으로 치러지는 자격시험에만 합격하면 어떤 학교든 들어갈 수 있는 시스템이 주류이지만, 일본에서는 학부별로 1점차로 당락이 결정되는 대학입시제도가 주류다. 결국 일본의 제도는 세계

【표1】 고교진학 국제비교

미국	「선발을 위한 시험은 존재하지 않는다」
영국	「일부 선발제 중등학교를 제외하면, 학생의 학력 등에 근거한 선발은 이루어지지 않는다」
독일	「통상적으로 시험이 없다」
프랑스	「통상적으로 입학시험은 실시되지 않는다」
일본	기본적으로 입학시험이 있다

(주)   「 」안의 내용은 문과성《외국의 초중등학교》참조.

적으로 보더라도 일반적이지 않다는 것이다.

아이들 전체를 대상으로 경쟁적 시험을 실시하고, 그 결과에 따라 사회적 위치를 보장하는 시스템이 어느 정도의 '출세'를 보장해줄 수만 있다면 아이들의 '노력'을 이끌어낼 수도 있다. 그러나 계층 간 격차가 확산되고 고정화된 요즘의 일본사회에서는 그러한 제도적 특성이 점차 사라지고 있는 추세다. 또한 여기서 주목할 것은 이러한 시스템이 태생적으로 아이들의 창조성과 사고력을 왜곡하고, 자기긍정감自己肯定感을 상실시키며, 아이들의 능력개발을 저해하는 폐해를 안고 있다는 사실이다. 이에 UN어린이권리위원회는 일본정부에 "과도하게 경쟁적인 교육제도로 아이들이 발달장해를 겪고 있다"며 거듭 시정을 권고하고 있기도 하다.

사회가 경쟁원리를 좇으며 '이지메 사회'의 양상을 보일 때, 교육제도를 경쟁원리로부터 탈피시키는 개혁은 교육제도로 하여금 사회를 이끄는 역동성을 갖게 해준다는 점에서 실로 역사적인 일이라 할 수 있다.

세 번째는 '이지메 사회를 인간적 연대가 존재하는 사

회로 바꾸는 투쟁을 전개하자'는 것이다.

줄을 잇는 아이들 사이의 이지메는 결국 '이지메 사회'를 반영하는 것이므로, 먼저 이지메 사회를 극복하지 못하면 문제의 해결은 요원해진다. 이러한 사회적 문제를 해결하는 데 있어 가장 핵심적인 것은 인간답게 일할 수 있는 고용조건의 확립이다. 성실히 일하는 부모들 밑에서 아이들이 안심하며 생활하고, 블랙기업과 같은 비인간적인 일터를 일소하는 한편 사회보장의 재건을 통해 모든 이들이 생존권을 보장받는, 그런 사회를 만드는 일이 사회의 공격성을 약화시킴은 물론, 인간적 연대를 강화해 아이들에게도 따스한 온기를 전할 것이다.

이러한 투쟁과 관련해 다음 두 가지 관점을 강조하고 싶다.

하나는 그러한 투쟁 자체가 서로 돕는 사람과 사람 사이의 관계를 풍요롭게 해준다는 점이다. 실제로 이지메로 고통받는 이들의 운동은 단지 이지메에 대응하는 역할을 수행할 뿐만 아니라 이를 통해 서로를 지탱하는 인간중심의 민주적 연대를 사회 전반으로 확대한다. 교육 현실의 개선을 목표로 하는 다른 많은 운동 역시 아이들을 중심으로 보호자, 교직원, 그리고 지역 사람들 사이의 교류가 진행될 때 비로소 큰 영향력을 가질 수 있으며, 이는 다른 사회운동에 있어서도 마찬가지다. 물론 일본공산당 역시 이런 네트워크의 일원으로서 여러 활동을 벌여나갈 것이다.

또 하나는, 이러한 상호협조를 통해 사회와 교육을 바꾸려 하는 어른들의 모습을 보면서 아이들은 더욱 바람직한 방향으로 성장해갈 수 있다는 것이다. 오늘날의 사회를 보며 아이들은 아무런 희망도 느끼지 못하고 있다. 이와 관련해서 나라奈良대학이 지난 2007년 10월 진행한 '나라 현 아이들의 스트레스와 학교·가정생활과의 상관관계 조사연구'의 결과를 살펴보면 '지금의 사회가 꿈이 있는 사회라고 생각하느냐'는 질문에 '전혀 그렇지 않다'나 '별로 그렇지 않다'라고 답한 아이들이 중학교 3학년생의 80%에 달했다. 심지어 초등학교 5학년 중에서도 65.9%나 있었다. 지금의 사회현실을 보면 당연한 결과인지도 모른다. 그러면 아이들은 어떻게 이 사회에 희망을 가질 수 있을까. 바로 이 사회가 뭔가 잘못되어 있다는 것에 대해 통감하고,

바꾸기 위해 노력하는 어른들의 존재를 통해서다. 그런 어른들을 바라보며 아이들이 내일의 희망을 이어갈 수 있는 것 아닐까.

【그림7】 사회관- 지금의 사회가 꿈이 있는 사회라고 생각하는가

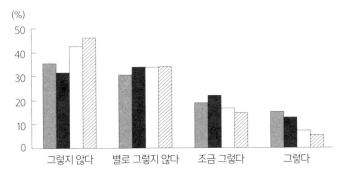

(주) ▨는 초5, ■는 초6, □는 중2, ▨는 중3
(출처) 〈나라 현 아이들 스트레스와 학교·가정생활의 상관관계에 관한 조사연구〉
     (2007년 10월).

2부

**이지메 문제의
양상**

이지메와 교사

문제의 소재

이지메에 대한 이야기를 하다 보면, 반드시 교사와 관련된 화제가 등장한다. 그럴 때마다 교사들은 복잡한 심정에 사로잡힐 것이다. 이지메 문제가 발생할 때마다 가혹한 이지메를 못 보고 지나친 교사나 "이지메는 확인되지 않았다"고 발언하는 교장의 모습이 자주 세간의 입에 오르내리기 때문이다. 이런 난처함은 설령 내가 교사였다 하더라도 크게 다르지 않았을 것이다. 실제로 관련 심포지엄에 참석한 부모나 아이들이 이지메에 대한 교사의 부적절하거나 불충분한 대처에 대해 절절히 이야기하는 모습을 보고 있노라면 대체 어떤 표정을 지어야 하나 싶을 정도로 당혹감이 든다.

하지만 그와 동시에, 이지메를 발견하고, 해결할 수 있는 열쇠를 쥐고 있는 사람 또한 교사다. 청취조사 진행 과정에서 우리가 만난 보호자들 역시 '교사들이 제대로 지켜봐 주기만 해도, 이지메가 그렇게까지 심해지지는 않을 것'이라는 생각을 하고 있었다.

실제로 심해지기 직전에 이지메를 멈추게 하거나, 이미 진행되고 있는 이지메로부터 아이들을 지키고, 문제를 해결하기 위해 필사적으로 매달리고 있는 교사들이 존재하기에 일본의 학교가 이제껏 지탱되고 있는 면도 있다.

이지메와 교사의 양면적 관계

이지메와 교사의 관계란 이처럼 양면적이다. 이지메와 관련해서 교사는 좋은 역할을 할 수도, 혹은 그 반대일 수도 있다는 것이다. 당연한 이야기지만, 이 두 가지 측면 중 어느 쪽을 보느냐에 따라 교사에 대한 인상은 크게 달라질 수 있다. 물론 이 중 한쪽을 자의적恣意的으로 선택해 논의를 전개할 수도 있겠지만, 그럴 경우 필연적으로 한계를 가질 수밖에 없다.

이지메와 교사와의 관계에 대해 어느 한쪽으로 치우치

지 않는 논의를 전개하기 위해서는 다음 두 가지를 제대로 파악하고 있어야 한다.

하나는 최근 일본의 교원정책이 교사들의 이지메 대응 능력을 약화시켜 왔다는 점이다. 이는 교사들에 대해 나쁜 인상을 가진 사람들이 분명히 알아야 할 사실이다.

다른 하나는 이지메를 못 보고 지나치는 교사를 어떻게 볼 것이냐는 문제다. 이는 교사 본연의 자세와 교사집단, 그리고 국민 사이의 연대와 직결되는 중요한 문제이기도 하다. 지금부터 이 두 가지에 대해 생각해 보고자 한다.

교사의 이지메 대응능력을 약화시켜 온 교원정책 재검토

전직 교장이 호소하는 '교육행정의 패배'

오쓰시립중학교 이지메 자살사건이 연일 보도되던 당시, 어느 전직 초등학교 교장의 투서가 눈길을 끌었다.(《아사히신문》 2012년 7월 29일 자) 그 일부를 인용해 보도록 한다.

"문과성은 언제나 사후대응事後對應 뿐이다. 무슨 일이든 담화발표나 통지만 하면 그것으로 책임을 진 것이라 생각한다. 하지만 가장 무거운 책임이 있는 것은 바로 그들이다. 학교현장은 눈코 뜰 새 없이 바쁘다. 교사들은 그런 환경 속에서 하루하루를 지내고 있다. 까다로운 수업연구 지도안 작성과 수많은 연수, 컴퓨터로 해야 하는 온갖 데이터 작업과 성적처리, 식사까지 걸러야 하는 아침 시간 특활반 지도, 오후의 특활반 지도와 잡무를 마치고 밤 10시나 되어야 집에 돌아가 저녁을 먹는다. 초등학교의 경우 교사의 본래 직무인 텍스트 작성조차 하지 못하고 시중의 텍스트에 의지할 수밖에 없다. 이지메가 빈번하게 일어나고, 심지어 자살자까지 나오는 것은 교육행정의 패배라고 생각한다. 교사에게 책임을 돌리기는 쉽지만, 그럴 거라면 일단 학교에 와 직접 확인해 보셨으면 좋겠다. 초등학교 교정에서 아이들과 어울려 놀고 있는 교사가 단 한 사람이라도 있는지. 많은 교사가 아이들과 함께 놀고 싶어 한다. 하지만 그럴 시간이 없다."

평균 잔업 시간 자체가 과로사 라인過勞死ライン[20]을 뛰어넘는 장시간 노동에다, 근무 중에는 화장실에도 갈 수 없을 만큼 바쁘며, 야간에도 휴일에도 업무에 쫓기던 끝에 결국 집으로까지 일거리를 가져가야 하는 교사들의 격무는 매년 그 정도가 심해져 어느새 한계 지점에 도달해 있다. 얼마 전 한 교사로부터 전화가 걸려왔다. 발신자는 아이들을 생각하는 애틋한 마음이 전화 목소리를 통해서도 전해져 오던 50대 여성 중등교사. 그녀가 들려준 학교의 하루는 실로 무시무시한 것이었다. 아침 일찍부터 밤늦은 시간까지 쉴 새 없이 일해도 끝나지 않는 업무. 담임을 맡고 있는 학급에 걱정되는 아이들이 몇 있다 보니 언제라도 무슨 일이 일어날지 모른다는 생각에 머리맡에 휴대전화를 놓고 잠을 자야 하는 생활. 그녀는 단카이団塊세대[21]의 퇴직 이후 급증한 젊은 교사들의 상담요청에 응해주느라 수업준

20　건강 장애의 위험성이 높아지는 시간 외 노동 시간의 기준. 월 80시간, 1개월 당 20일을 일한다고 했을 때 하루 4시간의 시간 외 노동이 끊임없이 이어지는 상태를 말한다. (※ 역자 주)

21　1947년에서 1949년 사이에 태어난 일본의 베이비붐 세대. 1970년대와 1980년대 일본의 고도성장을 이끌어냈다. (※ 역자 주)

비에 할애할 시간조차 모자란 상황이었다. 막상 자신의 아이들에게는 부모로서의 기본적인 역할조차 해주지 못하는 나날의 연속. 결국 내게 전화까지 하게 된 계기는 바로 중등교사들을 대상으로 이루어진 대폭적인 급여삭감 때문이었다. 그녀는 행정당국은 이렇게까지 분골쇄신하며 일하고 있는 우리를 도대체 어떻게 생각하고 있는지 모르겠다고 하소연하다 끝내 울음을 터뜨렸다.

이렇듯 격무에 시달리는 교사들의 상황에서 공통적으로 나타나는 특징은, 바로 수업 준비와 아이들과의 인간적 접촉 같은, 그들이 진정 하고 싶어 하는 본연의 업무에 시간을 할애할 수 없다는 것이다. 교사들의 시간은 대부분 행정을 위해 제출해야 하는 서류를 만드는 작업과 회의, 그리고 각종 협의 등에 허비되고 있다. 어느 중학교 교사는 그러한 변화에 대해 다음과 같이 호소했다. "예전에는 학년회의에서 따로 시간을 내 이지메 문제를 의논하곤 했다. 하지만 요즘은 학년회의를 할 시간 자체가 없다", "다함께 커피를 마시며 학생들에 대한 정보를 교환하거나 문제 등에 대한 대응방법을 함께 논의하던 교무실도 이제는 다들 침

묵하는 가운데 컴퓨터 앞에 앉아 키보드만 두드리는 작업
실이 되어 버렸다.”

세계 최저 수준 교육예산, 만성화된 일손 부족

이러한 일본 교사들의 상태는 국제적으로 보더라도 정
상기준에서 벗어나 있다고밖에는 말할 수 없다. 국민교육
문화종합연구소의 조사에 따르면, 교사의 주당근무시간은
일본 61시간 33분, 잉글랜드 51시간 20분, 스코틀랜드 45
시간 8분, 그리고 핀란드가 37시간 36분이다(월요일에서 금
요일까지). 또한 여름휴가는 일본이 5.7일인데 반해, 다른
나라들은 각각 29.7일, 36.2일, 63.2일 순이었다.

【표2】일본 교사들의 긴 노동시간

	주당근무시간	여름휴가
일본	61시간 33분	5.7일
잉글랜드	51시간 20분	29.7일
스코틀랜드	45시간 08분	36.2일
핀란드	37시간 36분	63.2일

(주)   국민교육문화종합연구소의 조사내용.

왜 이렇게까지 일본 교사들의 노동조건이 열악해진 것일까. 거기에는 구조적인 원인이 있다.

첫 번째는 일의 양에 비해 교직원이 부족하다는 것이다. 업무량이 늘어나게 된 것은 잇따라 진행되어온 '교육개혁' 때문이다. 이를테면 '학력향상'을 내건 학습지도요령 개정에 의해 수업시간은 5%나 늘어났고(초등학교의 경우), 초등영어교과도 도입되었다. 단순계산을 해보더라도 초등학교에만 2만 8000명의 교원이 증원되어야 하지만, 정작 늘어난 인원은 1000명뿐이었다. 당연하다는 듯 수업부담이 늘어났고, 전에는 있었던 '비는 시간'(수업이 없어 성적처리 등의 잡무에 활용할 수 있는 시간)도 사라져버렸다. 거기에 경쟁적으로 바뀌어버린 사회분위기로 빈곤이 확산되면서 따로 관심을 가져줘야 할 아이들이 꾸준히 늘어난 것도 교사의 어려움을 가중시켰다. 가정이 붕괴된 아이를 보살펴주기 위해 매일 아침 출근 전에 아이의 집에 들러 부모를 대신해 쓰레기를 버려주는 학교 관리직원이나 교원들까지 있을 정도다. 이런 상황에도 불구하고 일본의 교직원 수는 국제적으로 볼 때 매우 부족할 뿐만 아니라 특히 교사 이외의 직원이 압도적으로 부족하다. 이러한 현실의 배경에는 일본의 교육예산 수준(GDP대비)이 OECD 가입국 가운데 4년 연속 최하위권에 머물러 있는데도 여전히 증액을 억제하고 있는 정치 문제가 자리 잡고 있다.

두 번째로, 공립교원의 잔업시간을 규제할 수 있는 제대로 된 규칙이 없다는 것이다. 공립학교 교사에게는 기본적으로 잔업수당이 단돈 1원도 지급되지 않는다. 휴일에

【그림8】교직원 일인당 학생 수 (국제비교)

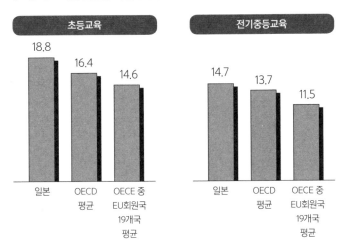

(출처) OECD 〈도표로 보는 교육(2010년판)〉.

【그림9】전체 교직원 중 교사 이외 전문인력이 차지하는 비율

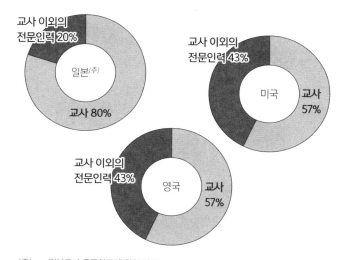

(주)   일본은 초중등학교에 관한 자료.
(출처)   2008년 학교기본조사, "Digest of Education Statistics 2008",
         "School Workforce in England January 2009"(중앙교육심의회 배포자료 중).

출근하더라도 다른 공무원이나 민간기업의 사원이라면 당연히 받을 수 있는 할증임금이 아니라 그저 쥐꼬리만한 금액의 수당이 지급될 뿐이다. 이런 상황이다 보니 어느새 교사들은 사용자 입장에서 볼 때 아무리 마음대로 일을 시키더라도 돈 걱정할 필요가 없도록 법이 보장하는, '열정노동자'로 굳어지게 되었다.

물론 교사들에게 '교직조정액敎職調整額(급여에 4%를 더한 금액)'이 지급되는 건 사실이다. 이 제도는 오래전 일본 정부가 공립교원의 근무실태조사를 진행한 후 교사에게 잔업수당을 주지 않는 대신, 급여에 4%의 금액을 덧붙여 지급하고 기본적으로 잔업을 시키지 않는다는 법률을 제정하면서 시작되었다(1971년, 교원급여특례법). 하지만 그 후 교사들의 잔업은 계속 늘어났다. 법률제정의 근거는 '월평균 8시간'의 잔업을 하고 있다는 당시의 실태를 기준으로 한 것이었지만, 현재 교사들의 잔업시간은 '월평균 8시간'이라는 당시 기준과 비교했을 때 10배나 늘어나 있는 상황이다.

　세 번째로, 이른바 '교육개혁'으로 인해 교사들에 대한 관리와 통제가 강화됨에 따라 많은 학교현장이 속내를 털어놓거나 푸념을 늘어놓는 일은 꿈조차 꿀 수 없는 숨 막히는 곳이 되어버렸다는 것이다. 일례로, 앞서 소개한 초등학교 교장의 글 바로 위 지면에는 시험성적만으로 평가하며 이지메 대책과 관련해서는 아무런 평가도 이루어지지 않는, '직장'이 되어버린 고등학교의 현실을 토로하는 투고가 게재되어 있었다. 실제로 몇 개 지역의 교사들로부터 이지메 대책에 고심하고 있노라면 동료들이 "이제 곧 시험기간인데 괜찮겠느냐"며 걱정을 하더라는 이야기를 들은 적이 있다. 상명하달식의 학교 운영이 강화되면서 교원회의도 사라지고 있다. 다 같이 이지메 문제에 대해 의논할 수 있는 창구가 애초부터 봉쇄되어 버리는 것이다. 관리직과 교사 등 구성원의 일부만이 이지메 문제에 대처하는 학교도 늘고 있다. 한 베테랑 교사는 "뭔가 문제가 있어 보여도 젊은 교사들과 교감, 주임 정도가 모여서 고만고만한 이야기나 하고 있는 걸 보면 '무슨 일이냐'며 선뜻 말을 꺼내기 어렵다"고 불평했다. 이뿐만이 아니다. '통제시스템'의 상층부에 자리 잡고 있는 교장·교감이 관리·통제만을 지상과제로 삼고, 힘희롱이나 성희롱을 저지르는 경우까지 있다. 어느 젊은 교사는 "교장이 선생을 이지메하는 상황에서 아이들에게 이지메를 하지 말라고 떳떳하게 말하기 힘들다"며 괴로워했다.

이러한 교원·교육정책의 상황은 이지메 대책에도 영향을 끼치고 있다. 그 대표적인 예로 이지메 건수를 수치목표회數値目標化시킨 것을 들 수 있다. 이는 은폐를 더욱 용이하게 만드는 요인으로 작용했다. 사실을 있는 그대로 보고하면 이지메 건수가 두드러져 좋은 평가를 받을 수 없기 때문이다. 정부는 그렇다면 건수가 아니라 문제 해결 비율을 목표로 하면 된다고 하지만, 단지 눈에 보이는 비율을 높이기 위한 '숫자 놀음'이 시작될 뿐이다. 강조하건대, 이지메 문제 관련 대응은 수치가 아니라 아이들의 생명을 지킨다는 교사로서의 사명감에 근거하지 않으면 안 된다.

교원정책의 시정

현재 일본의 교사들은 시간에 쫓기는 가운데 정신적으로도 궁지에 몰리고 있다. 예를 들어 정신질환으로 휴직한 교사의 수는 계속 증가해 10년간 약 3배가량 늘어났다. 힘희롱도 늘어나 전체의 3할에 이르는 교사가 통원치료를 받는 학교도 있다. 그런 상황에서 이지메 문제 해결에 적극적으로 나설 수 있는 교사가 과연 몇이나 될까. 여기서 강조하고 싶은 것은 그렇기 때문에 제대로 된 대응을 하지 못해도 어쩔 수 없다는 말이 아니다. 교사란 어떤 상황 속에

【그림10】공립교사의 정신질환에 따른 병가휴직자 수 추이(1999년~2008년)

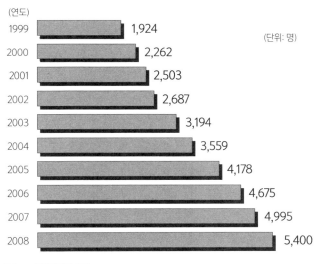

(연도)

연도	수
1999	1,924
2000	2,262
2001	2,503
2002	2,687
2003	3,194
2004	3,559
2005	4,178
2006	4,675
2007	4,995
2008	5,400

(단위: 명)

(주) 문부과학성 조사.
(출처) 《의회와 지자체》 2011년 6월호.

서도 아이들의 생명을 우선한다는 대의를 위해 최선을 다
할 것을 요구받는 전문직이다. 이와 동시에 말로는 이지메
문제 해결을 요구하면서 '그럴 거라면 일단 학교에 와 직접
확인해 보셨으면 좋겠다'는 전직 교장의 호소나, 자신의 가
정생활까지 희생해가며 학교 일에 매달리던 베테랑 중등
교사가 눈물로 전하는 상황을 외면하는 행정당국 또한 결

코 용서받을 수 없다.

이런 문제에 정면으로 대처하지 않는 정부와 교육행정 당국은 결국 일본을 나락으로 떨어뜨릴 것이다. 바야흐로 현장의 고민에 응답할 수 있는 새로운 교육행정이 절실히 요구되는 시대인 것이다.

이지메에 제대로 대응하지 않는 교사를 어떻게 볼 것인가

이념만 놓고 보면 교사 아닌 '지식 전달자'

그러나 처해있는 상황이 아무리 힘들지라도, 이지메에 제대로 대응하지 않은 교사가 용서받을 수는 없다.

실제로 청취조사를 진행하던 과정에서 우리는 교사의 미흡한 대응으로 인해 이지메가 더욱 흉포해진 수많은 사례를 접할 수 있었다. "이지메 때문에 상담을 하러 갔더니 오히려 '바빠 죽겠는데!'라며 호통을 쳤다", "이지메를 당하고 있다고 알렸더니 선생님이 홈룸Homeroom **22**시간에 '왜 다들 ○○군을 이지메하는지 그 이유에 대해 이야기해보자'고 하는 바람에 나를 규탄하는 모임 같은 분위기가 되어 버렸다. 그리고 이지메가 더욱 심해졌다" 등 한두 가지가 아니었다. 이뿐만이 아니다. 심지어 교사가 이지메의 발화점이 된 사례도 있다. "부모님이 담임선생의 체벌에 대해 학교에 호소했다는 이유로 미운털이 박혀 시퍼렇게 멍이 들도록 얻어맞고, 모두가 지켜보는 앞에서 말끝마다 바보 취급을 당하는 바람에, 결국 같은 반 친구들로부터도 이지메를 당하게 되었다." 이런 혹독한 경험으로 인해 씻을 수 없는 마음의 상처를 입은 아이와 그런 아이 때문에 가슴이 찢어지는 고통을 느끼는 부모들을 바라보기란 실로 괴롭기 짝이 없는 일이었다.

이런 교사는 도대체 어떤 사람들일까? 이념적 차원에서 보면, 스승이 아니라 그저 '지식 전달자'에 불과한 이들이라 할 수 있다. 교사는 국제적으로도 그렇지만 일본에서도 노동자인 동시에 아이들의 성장발달을 도와주는 전문가이며, 따라서 아이들에게 상처를 주는 일은 교사의 존재

---

22 일본의 중·고등학교에서 담임교사와 학생들이 (특정한 시간에) 모여서 하는 자율적 교육 활동, 혹은 그 시간. (* 역자 주)

이유에 부합하지 않는 행위이기 때문이다. 요전에 아이들이 이지메를 없애기 위한 규칙에 대해 논의하던 자리에서 '이지메를 방치하는 선생님을 퇴장시키자'는 주장이 나왔다고 보도됐는데, 이는 본질적인 문제를 다루고 있다고 생각한다. 물론 그 퇴장은 기계적機械的으로 이루어지면 안 된다. 또한 인간으로서, 교육자로서 거듭날 수 있는 엄격하고도 따뜻한 지원과 노동자로서의 생활권·근로권의 보장 역시 간과하면 안 될 것이다.

교사에 대한 비난을 어떻게 봐야 하나?

이지메 문제를 포함해 교사들과 관련된 불상사가 보도되거나, 이로 인한 캠페인이 전개될 때마다 착실한 교사들은 자괴감에 시달린다. 이런 사람들도 있다는 사실은 모르고 '아무튼 선생들은…' 운운하며 권위적인 시각에서 설교를 해대는 이들은 공정하지 않다. 그리고 이 '불공정함' 뒤에는 정치적 의도가 숨겨져 있다. 바로 '선생들이 이렇게 심각한 상황인 이상 어쩔 수 없다'면서 교원들에 대한 관리·통제와 경쟁원리 도입을 진행시키려는 불순한 목적이 담긴 비난이 그것이다. 이는 교사들은 물론이거니와 우리 또한 경계해야 할 부분이다.

하지만 바로 여기 또 다른 함정이 도사리고 있다. 지배층의 비난이 내포하고 있는 정치적 동기로 인해 비난 자체에 반감을 갖게 되는 일이 그것이다. 이것이 원인이 되어 교사의 문제 있는 대응을 비판하려는 의도가 약해지고, 지배층의 정치적 노림수에 대한 비판으로 논의의 중심이 옮겨가 버리는 일이 있다. 그렇게 되면, 설령 우리가 그렇게 생각하지 않는다 하더라도 세간의 시선은 '역시 선생들은 다 한통속'이라는 일반화로 치닫게 된다. 지배층의 의도는 바로 여기에 숨어 있을지도 모른다.

따라서 이 경우, 나름의 기준을 갖는 것이 중요하다. 과연 아이들을 위한 것이냐 아니냐는 단순한 기준. 지배층의 이야기에 따라 찬성하거나 반대한다면, 그것은 결국 상대에게 모든 것을 내맡기는 비주체적 판단이 되어버릴 수밖에 없다. 따라서 누가 무슨 말을 하건 간에, 아이들의 성장·발달에 해를 끼치는 교사의 언동은 그 본분에 반하는 용서받지 못할 행위다. 또한 이 기준은 불순한 의도를 가진 교사 비난이 부당한 교원통제를 유발할 때 '아이들을 위해 용납할 수 없다'며 반대하는 데 있어서도 필요하다.

인권 수호와 탄압 사이에서

앞서 이지메를 방치하는 교사는 이념적으로 교사가 아닌 '지식 전달자'라 단언한 바 있다. 여기서 그 부분에 대해 좀 더 이야기해 보고자 한다.

이념을 기준으로 볼 때, 교사에는 교사다운 교사와 그렇지 못한 '지식 전달자'가 있다. 교사 본연의 모습을 유지하고 있는 사람과 교사다움을 잃어버린 '지식 전달자'라는 두 가지 타입. 하지만 이 둘 사이의 경계를 나누는 명확한 기준은 과연 존재하는 걸까. 무척 평판이 좋던 교사가 어느 순간 아이들에게 믿기지 않는 체벌을 가하는 일이 있는가 하면, 정반대의 인상을 가지고 있던 교사가 아이에게 귀중한 스승으로 자리매김하는 경우도 있다.

사실 교사와 '지식 전달자'를 구분하는 기준은 교사에게 험한 꼴을 당한 아이나 그 부모들 입장에서 보면 별 의미가 없는 것일 수도 있다. 막상 험한 꼴을 당해보면 '제대로 된

선생이라면 그런 짓을 하지 않아. 당신이 만난 사람은 선생답지 않은 선생이었던 거야'라는 말을 듣더라도 영 석연치 않기 때문이다. 물론 '사실은 좋은 선생도 있다'는 말도 틀린 건 아니지만, 그 상황에서는 변명으로 들릴 뿐이다.

교사가 이념적으로 이분되는 것은, 결국 현실에서 교사라는 존재가 양면적 성격을 지니고 있기 때문 아닐까. 같은 교사가 때로는 아이들을 지킬 수도, 혹은 상처를 입힐 수도 있는 것처럼.

교육법학자인 이치카와 스미코市川須美子 독쿄獨協대학 교수는 자신의 저서 《학교 교육 재판과 교육법》에서 "교육 현장에서, 교사란 아이들의 인권을 침해할 위험성을 가진 동시에, 일의적一義的인 인권보장 주체"라고 말했다. [23] 이 책은 이치카와 씨가 '80년대 이후 교육현장에서 일상화된 아이들의 인권침해에 대해 재판을 통해 시정·구제를 요구했던 아이들과 부모들의 사건'(같은 책, 2~3쪽)을 분석한 역작이다.

---

23 《학교교육재판과 교육법》, 산세이도(三省堂), 2007년, 2쪽.

이치카와 씨는 말한다. 일부 교사들에 의한 아이들의 인권침해가 축적되면서 '어차피 교사는 국가권력의 하수인이며, 그러한 교사에게 교육의 자유 등과 같은 교육 고유의 인권을 인정하는 것은 의미가 없다'는 학설이 하나의 조류가 되었다고. 이치카와 씨는 바로 그러한 조류에 이의를 제기하며, 필자가 앞서 소개했던 바와 같은 주장을 한 것이다. 이는 교육의 본질에 근거할 때, 교사에게는 아이들의 인권을 보장해야 할 사명이 있다는 확신과 더불어 현실적으로 아이들의 인권을 빼앗고 있다는 역설적 현실까지를 통일적으로 표현한 말일 것이다. 이 말을 이지메에 대한 잘못된 대응에 적용해서 다음과 같이 말하고 싶다. "학교에서 아이들의 인권보장 주체인 교사는 그 인권을 박탈할 수 있는 위치이기도 하다"고. 이러한 인식을 마음 깊숙이 간직할 때, 교사들은 아이와 그 부모들에게 한걸음 가까이 다가갈 수 있을 것이다.

'최저한강령最低限綱領'

현실에서 교사란 아이들의 인권보장 주체인 동시에 그

인권을 박탈할 수도 있는 존재다. 그렇다면 실천적 측면에서 해야 할 것은, 인권보장 주체라는 교사의 긍정적 측면은 현실화하고, 인권을 박탈하는 존재로서의 위험성은 일소하는 일일 것이다. 이를 위해 학교 밖에서 할 수 있는 일은 관리와 경쟁에 중점을 둔 교육정책의 시정과 노동조건, 교육행정의 정비 등이다. 아울러 학교 내부에서의 교사들의 노력 또한 절실하다. 물론 경우에 따라 이웃 학급의 담임에게 자신의 의견을 개진하거나 선배교사를 비판하게 될 수도 있으니 생각처럼 쉬운 일이라고는 할 수 없다.

지방의 학습회에 참석한 후 집으로 돌아가는 전차 안에서 함께 있던 교사에게 들은 이야기다. 그 교사는 퇴직 이후에도 재임용 요구를 받아 계속 교육현장에서 일하고 있었다. "같은 교사끼리 비판을 하기란 정말 어렵지요. 저도 후회되는 일이 하나 있답니다." 그가 근무하는 학교의 특수학급 아이들이 교류를 위해 그의 학급을 가끔 방문했는데, 그중에 늘 위축된 모습이라 무척 신경이 쓰이는 아이가 하나 있었다고 한다. 문득 그 아이가 담임교사로부터 체벌이라도 당하는 것 아닐까하는 생각이 들었지만 사실을 직접 확인할 수 있을만한 상황도 아니고, 더욱이 상대는 관리직과 사이가 좋은, 그래서 학교 내에 상당한 영향력을 가지고 있던 교사였다. 결국 특수학급 학부모들이 체벌에 의한 아이들의 2차 장애를 호소하면서 체벌 사실이 드러났고, 담임은 사죄를 하게 되었다. 다행스럽게도 그 아이가 이후 진학한 특별지원학교에서 따뜻한 보살핌을 받고 있다는 소식을 전해 들으면서 그 교사는 겨우 가슴을 쓸어내릴 수 있었다고 한다.

일찍이 카츠타 슈이치勝田守一(1908~1969)[24] 씨는 교사가 아이들과 관련된 일을 하는 전문직인 동시에 '지식인'이라는 점을 강조한 바 있다.

여기서 카츠타 씨가 말하는 지식인이란 지배체제의 '하수인'이 아니라 '비판적이고 능동적이며, 늘 지적知的 독립을 추구하는 자세가 필수인' 사람들이다. 특히 전전戰前, 파시즘에 경도되었던 교사 집단이 반성해야 할 지점으로서,

---

[24] 전후戰後 민주교육의 이론적 지도자. 셸링(Friedrich Wilhelm Joseph von Schelling)을 위시한 독일철학 연구로 시작해 평생 교육연구에 종사했다. 태평양전쟁 전후 문과성에서 일했으며, 이후 가쿠슈인学習院대학 교수를 거쳐 도쿄대학 교수를 역임했다.

지적 독립 외에 "일단 '최저한강령'을 전제하고 힘을 모으는 일을 게을리했다는 사실"을 카츠타 씨가 지적한 것에 주목하고 싶다. "특히 '사명감'이 강한 교사일수록 줄곧 이 부분에 미진하다고 생각할 수밖에 없었다. 스스로에게는 '최대한요구', 다른 사람들에게는 '최저한강령'이라는 진중한 사려思慮 없이는 한 사람 한 사람의 책임을 결집시킬 수 없다. 결국 부채의식이 사람들을 분열시켰고, 종국에는 오히려 '최대한강령'을 내걸어 전쟁에 협력하게 되는 결과가 나타났다."**25**

이지메와 교사에 대해 생각할 때, 카츠타 씨가 언급한 '지식인'으로서의 교사의 자세는 대단히 중요하다. 이 경우, '최저한강령'은 아이들의 심신과 생명을 지켜줄 수 있을 것이다. 또한 이는 아이들과 그 부모들의 한 가닥 희망이기도 하다.

이미 언급했듯 '동료들에게 자신의 의견을 개진하기 어려운' 직장에서 '최저한강령'을 실현하는 것이 결코 쉬운 일

---

25 〈'지식인'으로서의 교사의 책임〉, 《카츠타 슈이치 저작집 3》, 고쿠도샤(国土社), 1972년, 530쪽.

은 아니다. 이러한 오늘의 상황에 입각해서, '최저한강령'의 실현을 위한 조건을 다음 세 가지 각도에서 생각해 보고자 한다.

학교를 '열린 시민권Civil rights의 장'으로

첫째, 학교를 열린 시민적 공간으로 만들 것. 시민은 법 앞에 평등하며, 모두가 동등한 인권이 있다. 이지메에 대한 잘못된 대응의 기저에는 아이들이 이러한 시민권과 개인의 존엄을 가지고 있다는 사실에 대한 몰이해가 자리하고 있다. 또한 이지메에 대해 안일한 시각을 갖거나 아이들의 호소에 진지하게 대응하지 않는 이유는 타인의 인권과 개인의 존엄이 침해당하는 일에 대해 '절대로 방치할 수 없다'는 생각을 하지 않기 때문이다. 그 밖에 아이들은 어른들과 다르기 때문에 다소 인권이 침해당해도 괜찮다는 식의 차별적 시각이 존재하기 때문일 수도 있다. 이러한 의식을 바꾸기 위해서는 학교 전체가 시민적 공간이 되어야 한다.

최근 이런 이야기를 들었다. 고교생 아들이 어느 날 밤 "학원 끝났어. 이제 들어갈게"라며 연락을 해놓고, 밤새 기다려도 집에 돌아오지 않았다고 한다. 역에서 우연히 옛날 동창과 마주쳐 억지로 차에 태워진 후 아침까지 끌려 다녔던 것이다. 아이의 부모는 기다리다 못해 경찰에 수색원搜索願을 냈고, 그 동창은 취조를 받은 끝에 유괴죄로 기소되었다. 이 사건이 일어난 후 고교생 아들과 그 부모가 함께 아이가 다니는 학교에 자초지종을 설명하러 갔는데, 이야기를 다 듣고 난 교사의 한 마디에 세 식구는 자신의 귀를 의심할 수밖에 없었다. "그러니까 결국 아드님께서 교칙을 어겼다는 거네요. 무단외박을 한 거니까."

제자가 시민권을 유린당하고 유괴 범죄의 피해자가 되어 밤새 무서움에 떨다 겨우 집으로 돌아왔다는 이야기를 듣고도 교칙위반 여부부터 문제 삼는 교사. 이쯤 되면 그가 학교를 무슨 별세계別世界처럼 생각하고 있다고밖에는 말할 수 없다. 학교는 사회의 일부분이므로, 사회에서 통용되는 시민으로서의 권리는 학교에서도 당연히 통용되어야 한다. 뿐만 아니라 아이들에게 민주주의를 가르치는 것 또한 학교의 역할임은 두말할 필요도 없다.

물론 교육현장이 이런 교사들만으로 가득 차 있지는 않

을 것이다. 하지만 다른 한편으로 이런 교사가 존재한다는 현실은 '최저한강령'으로서의 시민 감각이 갖는 중요성에 대해 다시금 생각하게 한다.

아이들은 헌법에 근거한 시민권과 더불어 어린이 권리 조약Convention on the Rights of Children **26**에 따라 고유의 권리를 보장받고 있다. 또한 이 조약은 조약 체결국들로 하여금 그 내용에 대해 '성인 및 아이들에게 널리 알릴 것'을 의무화하고 있다(제42조). 따라서 모든 학교의 아이들에게 권리조약에 대한 학습이 진행되어야 할 것이다.

교무실의 실패를 넘어, 푸념마저 공유할 수 있는
교사들 간의 인간관계를

둘째, 교무실은 교사들이 한숨을 돌릴 수 있고, 그들의 실패를 용서받을 수 있는 공간으로 만들어야 한다. 명분에만 치중하는 교육은 아이들에게 실패란 좋지 않은 것이며, 부끄러운 것이라고 가르친다. 또한 그 과정에서 교사들 스

26　UN에서 1990년 발효되었다.

스로도 자승자박自繩自縛하게 되어 실패는 좋지 않은 것, 부끄러운 것이라 인식하게 된다. 그 결과, 자신의 실패를 동료에게 말하지 못하고 감춰버리게 된다. 특히 현행 교원평가제도 하에서 실패담은 급여나 출세에 영향을 미칠 수 있다. 여기에 자기책임론까지 맞물리게 되면서 학교는 점점 나약한 소리를 내뱉기 힘든 공간이 되어가고 있다.

하지만 인간은 본래 실패하면서 성장하는 동물이다. 삶의 의외성을 생각할 때 당연한 이야기다. 또한 실패란 전진을 위한 교훈을 얻을 수 있다는 점에서 기꺼이 받아들여야 하는 것이기도 하다. 이러한 것들에 대해 서로 부담 없이 털어놓는 가운데 교훈을 얻을 수 있는 인간관계는 모두를 풍요롭게 한다. 이지메 등 여러 문제에 다양한 시행착오를 겪으며 대응하고 있는 학교라면 이런 인식은 특히 필요하다. 다함께 작은 실패들을 경험하며 이지메에 대응하는 학교는 오히려 커다란 실패를 피해갈 수 있다. 역으로 '절대 이지메를 눈감아 주면 안 된다'고 권위적으로 명령하는 학교에서는 언제까지나 이지메에 대한 묵인이 사라지지 않을 것이다.

'이것만은 지키자'는 대화

셋째, 아이들과 대화를 통해 '이것만은 지키자'는 합의를 하고, 이를 어길 경우 솔직하게 비판할 것. 이는 '최저한 강령'을 형성하는 방법인 동시에, 체벌문제의 대응에 있어서도 참고가 된다. 체벌은 학교교육법이 명확히 금하고 있는 교사의 교육활동과 관련된 몇 안 되는 법적 규제 중 하나다. 그렇지만 체벌을 하지 않으면 특별 활동이 제대로 되지 않는다든가, 교실 분위기가 정리되지 않는다고 믿는 교사들도 어느 정도 존재한다.

이 교사들로 하여금 체벌을 그만두게 할 수 있는 것은 심각한 체벌사건이 일어날 경우 내려오는 중앙·지방정부의 통달通達이 아닌 '교사들 간의 대화'다. 교사들 사이에 존재하는 다양한 체벌필요론·용인론이 자유로운 분위기 속에 논의되는 진심어린 소통의 과정이 그들로 하여금 자발적으로 체벌을 멀리하게 할 수 있다는 이야기다.

또한 그 과정 속에서 '교사에 의한 체벌이나 폭행은 아이들의 일생에 있어서는 안 될 마음의 상처를 남긴다', '다른 지도방법도 있다', '체벌 없이도 특활반의 실력을 향상

시킬 수 있다' 등의 이야기도 차례로 나오게 될 것이다. 체벌, 이지메 문제, 학교에서 일어나는 사고 등 아이들의 인권침해 사례와 관련된 '최저한강령'이 각지의 교직원들에 의해 만들어질 때, 교사와 국민 간의 연대는 보다 공고해질 것이다.

6

이지메와 지방정치, 그리고 교육위원회[27]

> **이지메 상담은**
> **보호자, 전문기관과 더불어 신속하게**

주민과 이지메 상담을 할 경우, 지방의원은 어떻게 해야 할까요?

일반적으로 이지메에 관한 이야기가 어른들의 귀에까지 흘러들어왔을 때, 그 이지메는 이미 생각하는 것 이상으로 정도가 심각한 경우가 대부분입니다. 그 점에 주의해서 신속히 대응해 주시기를 부탁드립니다.

심지어 지방의원에게까지 상담을 하러 왔다면, 학교나 교육위원회가 제대로 대응을 해주지 않고, 가해자 측 보호

---

27 이 장은 지자체 관계자를 대상으로 하는 잡지인 《의회와 지자체》의 인터뷰 원고를 기본으로 해서, 그 테마를 지방정치와 관련한 것들로 압축시키는 한편, 교육위원회론, 조건정비 등에 관한 내용을 추가해 정리한 것이다(문체는 [인터뷰]와 같은 경어체로 했다).

자는 이지메를 부정하며 피해자의 가족을 공격하는 등 해결의 실마리를 찾기 힘든 상태인 경우도 적지 않습니다.

이와 관련해서 "지역 주민들의 피해자에 대한 공격이 성벽처럼 견고해 같이 울어주는 것 외에 어떤 대응도 할 수 없었다"던 어느 지방의원의 고백이 무척 인상 깊었습니다. 그러나 저는 이 이야기를 들으며 '같이 울어주는' 자세야말로 중요하다고 생각했습니다.

이지메를 당하는 아이와 그 가족들은 자신들의 고민을 들어줄 사람을 만나기는커녕 고립되어 있는 경우마저 있습니다. 그러한 고립상태를 해소하고, 함께 이야기를 나눌 수 있는 인간관계야말로 정말 소중한 것이지요. 괴로움을 참으며 안간힘을 쓰는 피해자들이 필요로 하는 것은 '말씀해주셔서 감사합니다'나 '정말 힘드셨겠네요' 같은 따뜻한 말 한 마디입니다.

또한 무엇보다 먼저 고려해야 할 것이 이지메당하는 아이의 안전입니다. 대부분의 아이들은 '학교에는 반드시 가야 한다'는 생각에 사로잡혀 있습니다. 하지만 가봐야 심신만 힘들어질 뿐인 학교에 꼭 갈 필요는 없지요. 안심하며 지낼 수 있는 장소에 있는 것이 최고입니다. 또한, 피해의 정도가 심각할 경우, 아동심리 전문가나 소아정신과 의사 등의 도움도 받아야 합니다. 내 아이의 장래를 생각할 때 어떤 지원이 필요할지, 보호자들이 생각하는 바를 지원해 줄 수 있는 전문가가 포함된 인적 네트워크 만들기에 주의를 기울여야 할 것입니다.

그리고 시작해야 할 것이 바로 이지메 자체를 해결하기 위한 노력입니다. 교육위원회와 학교에 사정을 알리고 확실한 대응조치를 부탁하십시오. 하지만 그것만으로는 문제가 해결되지 않아 안심하지 못할 수도 있습니다. 여기서 큰 힘을 발휘하는 것이 지금 제가 말씀드린 네트워크입니다.

심각한 이지메일수록 전문기관이나 전문가들의 힘을 빌리지 않고는 해결되지 않습니다. 아동상담소, 정신복지센터 등 아동심리 전문가들이 일하는 기관, 임상분야 교육 전문가, 교원조합 관련 교육상담소, 이지메 문제에 정통한 소아과 의사, 관련 활동을 하는 변호사, 혹은 이지메 · 육아 문제 전문 시민단체 등 상담은 물론 해결을 위해 나서줄 전문기관이나 전문가들이 분명 존재합니다. 혼자서 모든 부담을 무리하게 떠안겠다는 생각보다 상담 단계에서부터 전문가와 연계해 주시기 바랍니다.

교육위원회의 존재 이유

■ 이런 교육위원회는 필요 없다

교육위원회의 대응능력 부재로 최근 '교육위원회 무용론'까지 등장하고 있는 상황입니다.

은폐를 반복하고 이지메 관련 호소에 제대로 귀를 기울이지 않는 교육위원회가 필요 없다는 것은 어떤 의미에서 보면 당연한 이야기일지도 모르지요.

하지만 여기서 문제는 그렇다면 왜 이런 상황에까지 이르게 되었느냐는 것입니다. 이렇게 된 데에는 나름의 역사적 사정이 있습니다.

원래 교육위원회는 침략전쟁에 대한 반성으로부터 태

어난 민주적 제도였습니다. 침략전쟁 이전의 극단적 군국주의 교육을 출현시킨 중앙집권적 교육행정을 근본적으로 바꾸고, 주민의 의사에 기반해 교육의 자주성을 수호하는 교육행정으로 전환한다는 취지에서 비롯된 것이었습니다. 그래서 주민 선거를 통해 교육위원을 선출하고, 그 교육위원들로 구성된 교육위원회가 교육행정을 제어할 수 있도록 한 것입니다.

하지만 이 민주적인 교육위원회 제도는 시작된 지 고작 8년 만에 역사의 뒤안길로 사라지게 됩니다. 1956년, 보수세력이 당시의 교육위원회법을 폐지한 후 지방교육행정법 제정을 강행했기 때문입니다. 교육위원회가 폐지되지는 않았지만, 교육위원 선출 시스템은 임명제로 바뀌었고, 문부성을 정점으로 한 상명하달 구조가 확립되기에 이릅니다. 그 과정에서 교육위원회는 폐쇄적으로 바뀌었고, 직원들 역시 상사의 눈치나 살피는 '말단 관리'로 변모해 갔습니다. 결국 이러한 개악적 요소들이 오늘날 개혁을 필요로 하는 여러 문제(은폐 등)의 배경이 된 것입니다.

■ 교육위원회의 '수장 부속기관화'야말로 문제

정부의 교육재생실행위원회는 교육위원회를 격하시키고,

교육행정을 그 수장首長이 직접 통제하도록 하는 방안을

제시했더군요.

그렇습니다. 하지만 그 방향은 개혁이라기보다 문제의 해결을 뒤로 미루고 있다는 점에서 오히려 개악이라는 느낌이 들어요.

이 부분을 이야기하기 위해 잠시 화제를 돌려서 현재의 교육위원회 제도에 대해 설명하도록 하겠습니다. 보통 '교육위원회'라고 통칭하지만, 사실 이 '교육위원회'에는 두 가지의 의미와 형태가 있습니다.

그 하나가 교육위원회 건물에서 일상적인 업무를 보는 직원들입니다. 이를테면 지방의원의 요구에 따라 교과를 작성하는 직원들을 말합니다. 바로 이곳이 '교육위원회 사무국'이며, 그 최고책임자가 교육장教育長이지요.

그리고 다른 하나가 그 교육장을 지휘·감독하는 '협의侠義의 교육위원회'입니다. 이 조직에는 기본적으로 5인(지자체에 따라 다를 수 있음)의 교육위원이 모여 있습니다. 교육위원은 수장에 의해 지명되며, 회의의 승인을 얻어 임명됩니다. 대표자는 '교육위원장'이라고 해서, 호선互選**28**을 통해 선출됩니다. 월 1~2회 정도 정례 교육위원회 회의가 진행되며, 필요한 것은 논의를 통해 결정합니다. 또한 교육장은 교육위원 중에서 교육위원회가 임명하는 것으로 되어 있습니다. 즉, 교육장은 '사무국'과 '협의의 교육위원회' 양쪽에서 입지를 굳히고 있는 사람이라는 것이지요. 이 교육장은 나름의 재량권으로 사무국을 일상적으로 지휘·감독합니다.

여기서 이지메나 체벌에 대한 은폐를 저지르는 사람들이 '교육위원회 사무국'의 간부진입니다. 오쓰 시 중학생 이지메 자살 사건 당시에도 그랬습니다. '이지메와 자살 사이의 관계는 불명', '일단 조사 종식終熄' 등을 선언하고, 11월 11일 기자회견을 연 것도 바로 이 사무국 측 사람들이었습니다. 그럼 그 당시, 사무국에 대한 지휘·감독 권한을

---

28 어떤 조직의 구성원들이 서로 투표해 그 조직 구성원 중의 누군가를 선출하는 일. (※ 역자 주)

가진 교육위원들의 상황은 어땠을까요. '10월 31일 위원회가 개최될 때까지 시교육위원회 사무국과 학교가 위원들에게 자세한 정보를 제공해주지 않았기 때문에, 주변에서 떠도는 소문이나 신문기사 등에 의지해 교육위원끼리 개인적으로 정보를 교환해야' 했습니다(〈오쓰 시 제3자 위원회 조사보고서〉 156~157쪽). 정보도 제공되지 않았고, 방침을 결정하는 데도 관여할 수 없었으며, 일체의 상황은 사후보고를 통해서야 공유되었던 것입니다. 물론 교육장은 모든 정보를 독점하고 있었을 것입니다.

결국 최대 문제는 이렇듯 자신들의 조직을 지키는 데만 관심이 있는 교육위원회 사무국의 태도입니다. 그리고 그 기저에 자리 잡고 있는 것이 앞서 설명했던 문과성을 정점으로 한 상명하달 방식 교육행정의 폐쇄적 체질입니다. 정부와 지자체의 지도하에 자신들이 하는 일을 절대적으로 옳다고 믿으며 '불편한 진실'은 끝까지 은폐하려 하는 경향, 또는 자신들이 인사를 장악한 '교육일가敎育一家'인 이상 어떤 문제에 있어서든 학교 측의 손을 들어주려 하는 일방적 태도 등이 자민당 정치 아래서 독버섯처럼 자라왔습니다. 여기서 공통적인 것은 자신들이 아이들의 생명과 권리를 지키기 위해 존재한다는 교육위원회의 원점原點과 사회적 사명을 망각하고 있는 모습입니다. 아울러 '사무국'의 폭주를 견제하지 못한 '협의의 교육위원회'에도 책임이 있습니다. 이는 이지메 사건에 대한 대응뿐만 아니라 교육행정 전반에서 나타나는 경향입니다. 교육위원을 '허수아비' 혹은 '추인기관追認機關'으로 만들어 버리고, 교육장의 밑에서 사무국이 독주할 수 있는 환경을 조성하는 일이 그것입니다.

그런데도 정부의 교육재생실행회가 내놓은 안은 이 '교육위원회 사무국'을 기존의 '수장 부속기관' 형태로 유지하는 한편, '협의의 교육위원회'를 참고의견만을 제시할 수 있는 일종의 자문기관으로 격하시키려 하고 있습니다. 이런 추세라면 앞으로 교육현장에서 일어나는 어떤 문제든 해결하기 힘들어질 것입니다. 교육위원회 사무국의 조직 이기주의를 방치하면서, 오히려 그 사무국을 견제할 수 있는 '협의의 교육위원회'의 힘은 축소하려는 것이니까요.

저는 '재생회의'의 목적이 다른 곳에 있다고 생각합니다.

제가 앞에서 교육위원에 대해 '허수아비'라는 표현을 썼습니다만, 물론 다 그런 건 아닙니다. 이를테면 아이치 현 이누야마犬山 시의 사례처럼 '전국 학력 테스트' 참가를 거부하고, 독자적인 '상호 학습' 시스템을 통해 아이들의 능력을 향상시키려 했던 교육위원회도 있었지요. 또한 수장이 폭주하자 제동을 걸고 나선 경우도 있었습니다. 예를 들어 오사카 시에서 하시모토 도루橋下徹 시장이 전 직원에 대한 불법적 사상조사(이후 근로기준국도 이 정책의 위법성을 인정함에 따라 자료를 폐기했다)를 실시했을 당시, 시의 교육위원들은 사상조사 불실시不實施를 결정함으로써 소속 교직원 및 교육위원회 직원들을 지켜냈습니다. 하지만 교육위원회가 '수장의 부속기관'처럼 되어버린다면 이런 일은 불가능해지겠지요.

뿐만 아니라 지금 교육 분야에서 벌어지고 있는 아베 신조安倍晋三 정권(이하 '아베 정권')의 폭주 또한 깊은 우려를 자아내고 있습니다. 여기서 폭주란, 아베 수상이나 하시모토 씨처럼 '종군위안부'를 용인하는 역사관을 아이들에게 가르치려하는 교과서 문제나, 재계의 요구에 따른 경쟁교육 강화 등을 말합니다. 하나같이 교육관계자들의 광범위한 반발을 불러일으킬 가능성이 있는 것들인데, 그 사전작업 차원에서 벌어지고 있는 일들이 바로 교육위원회를 격하시킴으로써 수장의 거수기로 만들어 버리려는 시도인 것입니다.

■ 교육위원회를 아이들의 생명과 권리를 위해 싸우는
　열린 공동체로

교육위원회에 대한 개혁이 어떤 방향으로 이루어져야 한다고
생각하십니까?

　물론 국민적 논의를 통해 정해야 할 문제지만, 일단 현시점에서 볼 때 개인적으로는 다음 두 가지가 중요하다고 생각합니다.

　하나는 교육위원회의 존재 이유를 '아이들의 생명과 권리 수호'에 집중시키는 개혁입니다. 이 부분이 애매하기 때문에, 교육위원회가 아이들이나 보호자를 위해 기능하는 것이 아니라 단지 자신들의 생존만 고민하는 기관이 되어

버리는 것입니다. 조직 내에 '우리는 아이들의 생명과 권리 수호를 위해 존재한다'는 사명감이 넘쳐흐를 때, 교육위원회는 비로소 다시 태어날 수 있을 것입니다. 그러나 지금의 교육위원회는 문과성 등 '위'에서 내려오는 통지를 구체화시키는 일에 필사적이지, 어린이 권리 조약을 교육 분야에서 구체화시키는 일 등에는 아무런 열의도 보이고 있지 않습니다. 교육위원회는 제 아무리 문과성 통지라 할지라도 그것이 아이들의 권리 수호라는 측면에서 필요치 않은 것이라면 단호하게 무시해 버릴 수 있는 독립성과 기개를 가진 기관이 되어야 합니다.

다른 하나는 아이들의 생명과 권리를 위해 싸우는 교육위원회로 거듭나기 위해 조직 개혁을 검토하는 일입니다.

물론 '협의의 교육위원회'는 침략전쟁에 대한 반성으로부터 비롯되었던 원래의 교육위원회 제도와 같이 교육에 대한 특정 정치세력의 지배를 용납하지 않는 방향으로 강화되어야 하겠지만, 그와 더불어 합의제를 채택하고 있는 집행기관이라는 특징에 대해서도 비중 있게 고려해야 합니다. 이를테면 일반적 행정기관의 경우, 각 부部·과課의 업무를 한 사람의 책임자가 모두 결정하는 독임제獨任制를 채택하고 있지만, 교육위원회는 어떤 사안에 대해 몇 사람의 교육위원이 합의를 통해 결정하는 합의제를 채택하고 있습니다. 이는 교육이라는 문화적 과업을 수행함에 있어 다양한 의견과 선택이 존재할 수 있으며, 따라서 서로 입장이 다른 복수의 사람들이 모여 모든 일을 서로 소통하는 가운데 결정해야 한다는 취지를 반영한 것입니다.

이처럼 합의제를 채택하고 있는 교육위원회를 개혁하기 위해 다양한 검토가 진행되어야 할 것입니다. 가령 회의는 월 1~2회 정도로 충분할 것인가, 긴급사태에 어떻게 대응할 것인가, 교육위원회 사무국에 제출된 방대한 양의 문서를 분석해 자립적인 비판·검토를 진행하는 능력은 또 어떻게 형성할 것인가 등 많은 과제가 산적해 있지요.

그중에서도 특히 중요한 것이 교육위원과 아이들, 보호자, 교직원, 그리고 주민들 사이에서 이루어지는 긴밀한 소통입니다. 교육위원은 주민의 대표자로서, 주민의 입장에서 해당 지역의 교육 방침이나 사무국의 일상 업무를 점검하고 판단할 수 있어야 합니다. 이러한 교육위원을 선임하기 위해서는 예전처럼 공선公選[29]을 통해 교육위원을 정하는 방법이 유용하겠지요. 그리고 교육위원회의 회의 내용 공개와 더불어 정기적으로 아이들, 보호자, 교직원, 주민 등이 다함께 의견을 교환하며 현장의 목소리를 수용하는 일을 제도화시키는 방안도 생각해 볼 필요가 있겠습니다.

'교육위원회 사무국'을 개혁하는 데 있어서는 그 수장인 교육장 자리에 아이들의 생명과 권리 수호에 열심이며, 이를 위한 전문적 지식을 겸비한 인물을 앉히는 일도 중요합니다. 물론 수장인 교육위원장의 지원이 전제되어야 하겠지만, 일단 이런 교육장을 선임하는 것만으로도 상당한 개혁이 이루어질 수 있다는 것을 각 지역의 다양한 경험을 통해 확인할 수 있습니다. 그러나 다른 한편으로 많은 지자체에서 교육장은 교장 선생들이 출세를 위해 거치는 자리, 바로 교육행정 분야의 '2인자'로서 차기 교육위원장 후보의 관문처럼 여겨지고 있는 것 또한 사실입니다.

29　일반 국민이 선거를 통해 선출하는 것. (＊ 역자 주)

전쟁 직후만 하더라도 교육장을 고유의 전문직으로 대학원의 박사과정에서 양성한다는 플랜까지 등장했었지만, 결국 흐지부지되어 버리고 말았지요. 이러한 정신을 계승해서 대학원 등과 같은 전문적 교육기관에서의 연구 · 연수를 교육장이 되기 위한 기본적 요건으로 설정하는 일을 고려할 필요가 있겠습니다.

아울러 교육장의 교육위원 겸임 여부에 심각한 재고가 필요합니다. 원래 교육장은 교육위원이 아니었으며, 주민의 컨트롤을 받는 기관인 '협의의 교육위원회'나 '사무국'과는 인적으로 엄격히 구분되어 있었기 때문입니다. 마지막으로 사무국 직원의 가혹한 노동조건을 개선하고 아이들의 권리와 교육, 그리고 교육행정 등과 관련한 독자적 연수의 기회를 보장하는 한편, 아이들을 위한 업무에 집중할 수 있는 환경을 조성해 주어야 합니다.

이지메 방지 조례를 생각한다

각지에서 이지메 방지 조례에 대한 검토가 시작되고 있는데요.

오쓰 시 사건을 계기로 정부가 '이지메 방지대책 추진 법'을 제정하면서 더욱 가속화되는 느낌이지요. 새롭게 제정되는 방지조례가 이지메 방지에 도움이 될 것인지, 혹은 역행할 것인지, 그 내용을 잘 살펴보아야 할 것입니다.

일단 조례는 이지메를 당하지 않고 안전하게 살아가야 할 아이들의 기본적인 권리를 보장하기 위해 행정이나 공교육, 사회 등이 어떤 책임과 조건 정비를 수행할 것인가에 대한 가이드라인이 되어야 합니다. 헌법과 어린이 권리 조약의 입장에 근거한 조례가 되어야 한다는 이야기입니다.

그런 맥락에서 볼 때, 2012년 제정된 기후 현 카니可兒 시 조례는 '학교는 아이들이 이지메를 없애기 위해 주체적인 행동을 취할 수 있도록 아이들에게 인권 교육을 실시한다'(제8조 2항)고 명시했다는 점에서 높이 평가할 수 있겠습니다.

또한 아이들의 권리와 교육에 관한 사항이라는 점을 감안, 교직원, 이지메 피해자(단체), 이지메 문제 관련 연구자, 변호사, 임상심리사, 의사 등의 전문가, 보호자, 그리고 무엇보다 아이들의 의견을 잘 듣고 검토해 봐야겠지요. '내가 어렸을 때는 이랬다'는 식의 고리타분한 논의는 결국 오류에 봉착할 수밖에 없습니다. 오늘을 살아가는 아이들이 어떤 상태에 있는지를 포함해 아이들과 교육현장, 그리고 전문가의 의견을 듣는 것 자체가 지방의회, 지자체의 큰 재산이 될 것입니다.

시가 현 오쓰 시에서는 이지메를 당하는 아이들에게

상담의무를 부여해서 문제가 되었는데요.

오쓰시의회 조례안은 헌법이나 어린이 권리 조약의 정신에 근거해 볼 때 심각한 문제가 있기 때문에 우리 당 의원단에서도 반대했습니다.

문제가 되는 조례안의 내용을 살펴보자면, 첫 번째로 당초 '아이들은 이지메를 당할 경우 혼자서 고민하지 말고 반드시 가족, 친구 및 관계기관 등과 상담하도록 한다'면서 아이들에게 의무를 부과한 것을 지적할 수 있겠습니다. 이 내용을 읽은 현지의 한 아이는 "이 따위 조례는 용납할 수 없다"며 분개했습니다. 이지메를 당하는 아이들은 대개 그 사실이 수치스럽고, 부모님께 걱정을 끼치거나 자신이 그런 비참한 존재임을 인정하고 싶지 않으며, 혹시라도 이지메에 대해 다른 사람들에게 알렸다는 것을 가해자들이 알게 될 경우 그 세기가 더 심해질 수도 있다고 생각합니다. 그리고 심각한 경우 인간으로서의 주체성마저 빼앗겨 버리기 때문에 더더욱 자신이 이지메를 당하고 있다는 사실을 털어놓지 못합니다.

오쓰 시 사건 당시에도 피해학생은 담임교사에게 "이지메당하고 있느냐"는 질문을 받았지만 그 사실을 인정하지 않았습니다. 이지메의 민감한 특성을 고려하지 않고 이런 식의 조례를 제정한다면 '이지메를 당하고도 상담하지 않으면 조례를 어기는 나쁜 아이'라는 논리만 성립시킬 뿐입니다. 결국 피해자는 이지메뿐 아니라 조례에 의해서도 궁지로 몰리게 된다는 이야기지요. 교육평론가 오기 나오키尾木直樹 씨가 미디어에서 이 조례에 대해 "아이들을 이지메하는 조례"라고 언급했는데, 정확한 지적이었다고 생각합니다.

이지메 상담을 할지의 여부는 아이들 스스로 판단하는 것입니다. 그런 영역에 조례가 개입해 이래라저래라하는 것은 봉건사회나 독재국가의 방식입니다. 물론 어른들로서는 당연히 아이들이 자발적으로 상담하러 와 줬으면 하겠지요. 만약 그렇다면 이지메를 보고도 못 본 체하거나 믿을 수 없다는 식으로 반응하는 태도부터 개선해야 합니다. 결국 '상담할 수 있다'(제7조 2항)로 조문條文의 수위가 낮아지기는 했지만, 이 문제는 비단 오쓰 시뿐만 아니라 전국에서 공통적으로 인식해야 할 사안이라고 봅니다.

두 번째로 문제가 되는 것이 보호자에게도 '애정을 가지고 (아이를) 키워야 한다'(제6조 1항)는 의무를 부과하고 있다는 점입니다. 세상에 자기 아이를 사랑하고 싶지 않은 부모는 없지요. 하지만 이런저런 배경으로 인해 그것이 쉽지 않은 부모들도 있습니다. 또, 그런 부모들일수록 나름의 어려운 상황이 충분히 고려된 지원을 필요로 합니다. '애정을 갖지 않으면 조례 위반'이라며 부모들을 몰아세우는 것은 아이들을 위해서도 결코 바람직하지 않습니다.

세 번째는 학교에 대해서도 '공공심公共心 및 도덕적 실천력을 육성해야 한다'(제5조 1항) 등과 같은 교육적 내용과 관련된 의무를 부과하고 있다는 것입니다. 교육활동이란 학교와 교직원의 주체적인 판단 하에서 전개될 때 성과를 거둘 수 있습니다. 이런 것을 두고 행정당국이 '이렇게 저렇게 교육하라'고 명령한다면 교육은 공허하고 형식적인 것이 되어 버리고 맙니다. 이런 교육이야말로 이지메를 유발하는 것 아닐까요?

아울러 가해자에 대한 처분 등을 강조하는 엄벌주의의 입장에서 이지메 방지조례를 추진하려는 움직임 또한 지적하지 않을 수 없습니다. 이 움직임을 주도하는 것은 '이지메로부터 아이들을 지키는 네트워크(이하 '네트워크')'[30]라는 시민단체인데, 일본의 재무장과 헌법 9조 개악 등을 부르짖는 종교단체 '행복의 과학'과 깊은 관련을 맺고 있습니다(대표자인 이자와 씨는 2013년 참의원 선거에 '행복의 과학'이 창

---

[30] 대표 이자와 카즈아키井澤一明.

당한 행복실현당의 비례대표로 입후보하기도 했다). 그리고 이 '네트워크'에는 자민당 소속 요시이에 히로유키義家弘介 참의원이 어드바이저Advisor로 이름을 걸어놓고 있습니다. 이런 움직임에 대해서도 경계를 게을리하지 말아야겠습니다.

이지메 대책 예산의 대폭 증액을

교육 조건의 정비에 대해서는 어떻게 생각하십니까?

이지메 문제와 관련해서 행정당국이 해야 할 가장 중요한 역할이 조건의 정비입니다. 법률이나 조례 제정은 물론 '기본계획'까지 수립해 놓았다 하더라도 예산이 책정되어 있지 않다면 의미가 없습니다. 행정당국의 책무는 이지메에 대응할 수 있는 직원을 늘리고, 아이들과 그 보호자들이 의지할 수 있는 공공 상담소를 신설하는 등 상황적으로 두드러지는 '변화'를 이끌어 내는 것입니다.

그런 면에서 볼 때 최근 성립된 '이지메 방지대책 추진법'에는 심각한 문제가 있습니다. '추진법' 10조에 보면 '정부 및 지방의 공공단체는 이지메 방지대책 추진에 필요한 재정상의 조치는 물론 그 밖에 필요한 조치를 강구하는 데 힘쓴다'는 내용이 나옵니다. 유관단체·개인, 이지메 피해자(단체) 등과 대화를 거듭해서 조건 정비와 관련된 요구들을 취합하는 한편, 그 실현을 위한 대응을 강화해야겠습니다.

구체적으로 어떤 직원들을 늘린다는 것인가요?

첫 번째로, 학교의 교직원을 늘려야 합니다. 곤란을 겪고 있는 학교에 이지메 문제를 전담하는 교사가 배치된다면 상황이 무척 달라질 것입니다. 이를 위해 일정 규모 이상의 학교에 보건실 교사를 복수로 배치하거나, 아동복지 측면에서 학생과 그 가정에 도움을 줄 수 있는 스쿨 소셜 워커School social worker를 중학교의 학군에 따라 배치하는 방법 등이 효과적일 것입니다. 물론 기본적인 조건으로 학급의 정원을 줄이는 일 또한 계속 추진되어야 합니다.

아동상담소 확충도 절실합니다. 사실 이지메 문제 해결이 어려울 경우, 학교 이외에 의지할 수 있는 대표적인 기관 중 하나가 이 아동상담소인데, 현재 가정에서의 아동학대와 관련한 대응만으로도 벅차다 보니 학교에서 일어나는 이지메 문제에까지는 미처 신경을 쓰지 못하는 상황입니다. 물론 그럼에도 불구하고 대응을 해주면 좋겠지만, 이를 위해서는 일단 행정당국이 직원을 충원함으로써 현장의 노고에 답해야 할 것입니다.

직원 충원과 동시에 관계직원들을 대상으로 이지메 문제 관련 연수를 실시해 현장 대처 능력을 키워주는 일도 중요합니다. 이를테면 일본변호사연합회는 이지메 문제와 관련해 소속 변호사들을 강사로 선임, '이지메·인권' 등을 테마로 '찾아가는 수업'을 진행한다는 방침을 정했습니다. 연수에서 이지메 피해를 당한 자녀의 부모들을 강사로 섭외하는 것도 유의미합니다. 그리고 임상심리사나 관련 연구자의 지견知見 또한 도움이 될 것입니다. '이지메 방지대책 추진법'이 성립되었으니 그에 기준해서 연수의 구체화가 진행될 것이라고들 생각하는데, 여기서 중요한 것은 이를 이른바 '관제연수官製研修' 같은 요식행위로 끝낼 것이 아니라, 직원들에게 실질적으로 힘을 줄 수 있는 방향으로 전개해야 한다는 것입니다.

오쓰 시 사건 당시 스쿨 상담교사 School counselor**의 대응도 문제가 되었습니다만.**

오쓰 시에서 이지메를 당하던 학생이 자살한 이후, 스쿨 상담교사였던 총괄감독자가 확실한 증거도 없이 학교가 제출한 '가정학대설家庭虐待說'을 전제로, 자살한 학생으로부터 아동학대 특유의 특징이 발견되었다는 조언을 한 일이 있었지요. 이로 인해 학교 측은 '학대설'을 확신하는 한편, 재판에서의 대응논리를 마련하기 위해 '이지메는 있었지만, 자살과의 관계는 불명'이라는 입장을 굳히게 되었습니다. 하지만 모두들 아시다시피 그것은 허구였지요. 뿐만 아니라 사건 이후 학생 상담을 진행하던 상담교사는 그 내용을 학생 본인과 보호자들의 양해 없이 교장을 비롯한 학교 관계자들이 확인할 수 있도록 해줬습니다. 상담교사의 직업윤리인 비밀유지 의무를 어긴 것입니다.

오쓰 시 제3자 조사위원회는 이와 같은 사실을 조사한 후, 다음과 같이 지적했습니다. '원래 스쿨 상담교사는 학교의 직원이라는 내부성內部性을 가지면서도 전문가로서 학교조직의 외부에 위치한다는 외부성外部性을 갖는데, 그

런 면에서 볼 때 시가 현의 스쿨 상담교사는 그 내부성이 현저하다고 말하지 않을 수 없다.'(154쪽)

오쓰 시 사례는 결코 예외적인 것이 아닙니다. 그런 의미에서 스쿨 상담교사는 아이들을 위해 독립성을 지니는 전문직으로서 재출발해야 할 필요가 있습니다. 또한 현재 스쿨 상담교사는 정부의 '전교배치全校配置' 방침에 따라 각 학교를 주1회씩 순회하는 형태로 운영되고 있으며, 대우 면에서도 불안정하고 열악하기 짝이 없습니다. 따라서 그 바람직한 존재 형태를 면허와 관련된 부분까지 포함해 면밀히 검토한 후 증원을 실시해야 할 것입니다.

상담창구가 필요하다는 목소리도 높습니다.

정말 그렇습니다. 이지메나 체벌 등으로 고심하는 보호자들 중에서도 '상담을 해봐도 상황이 개선되지 않는다', '제대로 상담해 주는 곳이 없다'며 곤란해 하시는 분들이 적지 않지요. 학교나 교육위원회에 이지메 관련 상담창구를 마련하는 것도 좋지만, 그와 동시에 학교나 교육위원회로부터 독립되어 있는 제3자적인 위치의 공적창구公的窓口

또한 반드시 필요합니다. 조직 안에 있다 보면 아무래도 함께 생활하는 동료를 감싸주게 될 가능성이 높으니까요. 그런 부분에 대해 우려할 필요가 없는 제3자적 전문가 네트워크가 각 지자체에 존재한다면, 곤란을 겪고 있는 사람들도 더 많은 도움을 받을 수 있을 것입니다.

이지메 관련 교육정책 개선에 대하여

일본공산당이 2012년 11월 내놓은 〈'이지메' 없는 학교와 사회를〉은 이지메의 수치목표화와 교원 업무 과중화 등 교육정책 문제에 대해 개선을 요구하고 있더군요.

현재 교사들은 숨 막히는 관리와 평가 아래서 비정상적 장시간 노동에 시달리고 있습니다. 이지메 문제에 정력적으로 매달릴 수 있는 상태가 아니지요. 물론 그럼에도 불구하고 사명감이 투철한 교사들은 아이들을 위해 온몸을 불사르며 노력하고 있습니다. 행정당국은 교원의 임명권자로서 업무 과중화를 해결할 책임이 있습니다. 또한 교사들을 더욱 궁지로 몰아붙이는 수치목표 등과 같이 외면에만 치중하는 교육행정은 적어도 아이들의 생명과 관련된 이지메 대책 분야에 있어서만큼은 일소되어야 합니다.

상명하달식의 관리주의가 아이들이 일으키는 문제에 대해 교직원이 상담을 통해 대응하는 일을 어렵게 만들고 있습니다. 또한 학군자유화는 교사들의 가정방문을 힘들게 함으로써 교사와 학부모 간의 유대 형성을 더욱 어렵게 만들어 버렸습니다. 그렇다보니 이지메 대책도 그 힘이 더욱 축소될 수밖에 없습니다. 이는 모두 최근 십수 년 간 진행된 '교육개혁'의 결과입니다. 이대로는 안 됩니다. 이지메로부터 아이들을 지켜내기 위한 이 물러설 수 없는 싸움에서, 아무쪼록 교육행정 관계자들이 겸허한 자세로 정책을 재검토하는 도량을 보여줬으면 합니다.

제안에서 교육행정의 '이지메 문제와 관련한 위치설정을 바로잡는다'는 내용이 등장합니다. 정확히 어떤 의미인가요?

예를 들어 문과성은 최근 이지메 문제 등에 대응하기 위해 '어린이 안전 지원대책실'을 가동했는데, 문제는 이제까지 이지메가 기본적으로 등교거부나 교내폭력 등과 같은 선상에서 '학생 지도상의 문제' 중 하나로 다뤄졌다는 점입니다. 요컨대 아이들이 보여주는 '곤란한' 행동의 하나라는 전제 하에서 대응이 이뤄졌다는 것이지요.

오늘날의 이지메는 결코 이런 식의 대응을 통해 해결될 수 없습니다.

일단 이지메 대책이 '원 오브 뎀One of them'으로 낮은 비중을 차지해서 충분한 예산과 인력을 투입하기 어렵기 때문입니다. 모든 아이에게 고통을 주고, 심지어 소중한 생명까지 빼앗아 온 문제의 특성에 걸맞은 자리매김이 필요합니다.

한 가지 더, 이지메 대책과 다른 교육시책을 동등하게 취급한다는 문제가 있습니다. 이지메 대책에 대한 정부 방침을 보면, 이야기 자체로 봤을 때는 그리 나쁘지 않은 내용이 적혀 있기는 하지요. 조기 발견, 집단적 대응, 이지메 당하는 아이의 보호, 이지메하는 아이의 사정이나 고민에 대한 이해와 공감 등. 그러나 정작 전체적인 교원정책은 그 정반대 방향으로 진행되고 있습니다. 수치목표화, 업무 과중화, 교원평가, 상명하달식의 학교운영, 무관용주의 등 일일이 헤아리기조차 힘들 정도지요. 흡사 한 손으로는 이지메 해결 방향을 제시하면서, 또 다른 손으로는 그 반대 방향을 내세우는 것과 같은 모습이랄까요. 이러한 문제점들을 이지메 해결을 우선하는 방향으로 개선하지 못한다면, 정부의 이지메 대책 관련 방침은 결국 그림의 떡으로 끝나버릴 것입니다. 그런 의미에서 이지메 대책이 차지하는 비중을 과감히 늘릴 필요가 있다고 생각합니다.

'엄벌주의 · 도덕주의'의 무력함

제2차 아베 정권은 출범 직후인 2013년 1월 교육재생실행회의를 가동하고 '이지메 문제 등의 대응에 관하여'라는 1차 제언을 내놓았다(같은 해 2월 26일). 이 중심에 자리 잡고 있는 것이 엄벌주의 · 도덕주의다. 이지메 문제의 심각화에 아이들에 대한 엄벌과 도덕교육 실시로 맞서겠다는 것이다.

이는 당연히 잘못된 방향이지만, 그렇다고 이러한 방향을 지지하는 사람을 바보 같다고 생각하거나 경시해서는 안 된다. 이런 방향을 지지하는 이들 중 절대다수는 이지메의 끔찍함에 분노하며, 그 문제를 어떤 방향으로든 해결해보고 싶다는 진지한 자세를 가지고 있기 때문이다. 또한 나쁜 짓을 한 아이는 제대로 혼을 낸다는 예로부터의 상식에도 어느 정도 삶의 진실이 반영되어 있기에, 다른 해결방법이 보이지 않을 경우 사람들은 대체로 그러한 상식에 기댈 수밖에 없을 것이다.

다만 결코 용납해서는 안 되는 것은, 그러한 상황을 악용해 인간적인 분노를 가해자에 대한 증오로 발전시키려 하는 사람들이다. 그런 이들은 기본적 인권에 근거한 민주주의적 해결을 싫어하는 태도와, 남들 위에 서 있는 자가 '도덕'을 제시하고, 이를 지키지 않는 자를 엄벌로 다스린다는 복고적 사회상社會像을 가지고 있다. 이 사회상은 기본적 인권을 제한하는 내용을 담은 자민당의 헌법개악안과 같은 뿌리를 가진다.

그런 까닭에 이 점에서는 엄벌주의와 도덕주의가 어떤 문제를 가지고 있는지, 이에 갈음하는 인권 기반의 해결 방향을 제시하며 생각해 보고자 한다. 이러한 고민들을 통해 이지메하는 아이들에게 어떻게 대응할 것인지에 대해 새롭고 긍정적인 사회적 합의를 이끌어내는 것이 중요하다고 하겠다.

엄벌주의 VS "뭐가 그렇게 싫었는지 말해줄래?"

갱생의 길을 막지 말라

엄벌주의의 가장 큰 문제는 이지메하는 아이들이 반성하고 인간적으로 거듭날 수 있는 길을 막아버린다는 것이다.

이지메하는 아이들의 대부분은 학교나 가정에서 억압받아 온 피해자라는 측면도 갖고 있다. 학대나 체벌 또는 과거에 당한 이지메의 스트레스가 이지메를 유발하는 것은 드물지 않은 사례다. 게다가 요즘의 이지메는 피해자와 가해자가 순식간에 뒤바뀌어 버리는 등, 단순한 권선징악적인 발상으로는 대응하기 어려운 것이 사실이다. 이지메를 당하다 더 이상 이지메를 당하지 않기 위해 스스로 이지메의 먹이사슬에 합류하는 경우가 있는가 하면, 배후에 존재하는 주모자의 말대로 움직이며 표면적인 '가해자' 역을 맡는 아이들도 부지기수다.

분명한 것은 이들 모두 너나 할 것 없이 짜증이나 분노에 휩싸인 채 깊은 마음의 상처를 안고 살아가고 있다는 사실이다. 이런 아이들이 마음에 상처를 입을 때 아무런 도움도 주지 않고, 이지메를 저지르는 상황에까지 이르게 된 사정조차 들어보지 않은 채 그저 나쁜 짓을 했으니 응징하겠다며 목소리를 높인다면, 아이들의 우울한 마음이 더욱 뒤틀려 인간적으로 거듭날 수 있는 길이 사라져 버리게 된다.

이지메의 가해자였던 경험을 가진 한 고교생에게 심경을 전해들은 민청동맹의 미야기 미노리 씨는 이지메를 저지른 아이를 만날 경우 그를 비난하기보다 '뭐가 그렇게 싫었는지 말해줄래'라고 물어봐야 한다고 호소했다.

사람은 자신의 괴로움을 이해해 주는 사람을 만날 때 비로소 온순한 마음이 된다. 또한 이지메를 하는 아이들 중 절대다수는 진정한 의미의 상냥함을 경험한 적이 거의 없는 불행한 아이들이다. 타인을 괴롭혀 마음에 상처 주는 일을 낙으로 삼던 아이들에게 단순히 벌을 줌으로써 뒤틀린 마음을 더욱 왜곡시켜 증오와 공격성을 배가시키는 일은 사회적 차원에서 보더라도 최악의 선택이다.

엄벌주의는 유효한가?

엄벌주의의 윤리는 지극히 단순하다. '나쁜 짓을 한 놈은 응징한다'는 오래된 사회적 관습에서 비롯된 것이기 때문이다. 아울러 그 악행＝이지메가 아이들을 죽음으로까지 내모는 비겁하고도 음습한 것이라는 점을 강조함으로써 '응징'을 바라는 감정을 부채질한다.

그러나 여기서 고려하지 않으면 안 되는 것은 과연 '나쁜 짓을 하면 벌을 준다'는 방식을 성장기의 아이들에게마저 적용해야 하느냐는 점이다. 적어도 근대사회까지 인류는 그러한 방식의 적용을 부정하며 아이들을 길러왔다.[31] 즉, 아이들이 악행을 저지르게 된 데에는 그들이 올바르게 성장할 수 있는 환경을 제대로 조성해주지 못한 성인 사회 Society of adults의 책임도 적지 않다는 이야기다. 뿐만 아니

---

31 소년법 제1조는 법의 취지에 대해 다음과 같이 설명하고 있다. '이 법은 소년의 건전한 성장을 도모하고, 비행을 저지른 소년에 대해 성격 교정 및 환경 조정을 위한 보호처분을 실행하는 한편, 소년의 형사사건에 대해 특별한 조치를 강구하는 것을 목적으로 한다'. 또한 20세 미만의 비행소년은 성인의 범죄에 적용되는 것과는 다르게 건전육성, 교육을 위한 개선의 원리에 따른 대응을 하게 되어 있다. 그러나 이러한 '보호주의'는 결국 일련의 개악 끝에 위기에 직면해 오늘에 이른다.

라 아이들은 큰 성장력과 회복력을 가지고 있다. 과오를 범한 아이들의 환경을 재정비해 그들이 피해자의 고통에 공감하고 진심어린 사과를 함으로써 인간적으로 거듭날 수 있도록 해주는 것이 아이들을 위해서도, 또한 사회를 위해서도 도움이 된다. 따라서 문제를 '과오를 범한 아이에게는 벌을 주면 그만'이라는 시각으로 바라보지 않고 '갱생의 길'을 추구해 왔던 것이다. 이 과정에서 사재를 털어 중대범죄를 저지른 소년들의 새출발을 돕는 이들도 나타났다.

엄벌주의를 내세우는 사람들은 '엄벌을 주저하는 것은 아이들에게 무르기 때문'이라고 비판한다. 하지만 아이들에게 인간적으로 거듭나라고 요구하는 것이야말로 진정 엄격한 태도 아닐까. 결국 '아이들을 혼내라'는 것은 자신의 분노에 몸을 맡기라는 말에 다름 아니다. 그런 면에서 나는 오쓰 시 사건에서도 마찬가지였지만, 수많은 이지메 피해 유족이 분노의 감정을 승화시켜 가해 소년들의 갱생을 주장하고 있다는 사실에 새삼 경의를 표하고 싶다.

도덕주의 VS '현실'과 맞서 싸우는 교육

한계가 드러난 방법

도덕주의에서는 아이들이 이지메를 저지르는 이유가 규범의식이 부족해서라고 보기 때문에 도덕교육만 확실히 시킨다면 이지메를 미연에 방지할 수 있다고 주장한다. 이 또한 흔히 있을 수 있는 발상이다.

그러나 도덕주의의 약점은 그것만으로 문제를 해결하기 힘들다는 사실이 이미 드러났다는 것이다. 그 전형적인 예라 할 수 있는 것이 바로 지난 2011년 일어난 오쓰시립중학교의 이지메 자살 사건이다. 이 중학교는 시내에 단 하나뿐인 정부의 도덕교육추진 지정 학교였다. 도덕교육 프로그램은 2년에 걸쳐 진행됐고, 180쪽에 달하는 보고서도 작성됐다. 심지어 사건을 일으킨 2학년들은 1학년 시절 도덕교육추진의 일환으로 '룰을 지키자' 등의 규범교육까지 받았다. 하지만 그로부터 반년 후 이런 심각한 이지메를 저지른 것이다. 오쓰시립중학교의 교사校舍에는 '이지메 없는 학교 만들기' 운운하는 '환경선언'이 크게 쓰여 있었다. 이런 종류의 이야기가 등장한 것은 어제오늘의 일이 아니다.

수많은 학교관계자로부터 높이 평가받았던 오쓰 시 '제3자 조사위원회'의 '조사보고서'를 살펴보면, '이지메 방지 교육(도덕교육)의 한계'에 대해 언급하는 부분에서 다음과 같은 내용들이 나온다.

"그 의미 자체를 부정하는 것은 아니지만, 도덕교육이나 생명 교육의 한계를 정확히 인식하고, 교육현장에서는 오히려 모든 교원이 힘을 모아 여러 가지 창조적 실천을 해나갈 필요가 있지 않을까 하는 생각이 든다", "타인의 마음에 공감하는 마음가짐이 사회를 풍요롭게 할 뿐만 아니라, 자신의 마음을 삶의 보람으로 채우는 것과도 관련이 있다는 점을 생생한 사실로써 반복적이면서도 집요하게 가르칠 필요가 있다."(75쪽)

중요한 것은 '생생한 사실'이며, 도덕교육이 그 자체로 중요하기는 하지만 이지메 예방을 위한 결정적 수단이 될 수는 없다는 것이다.

도덕주의의 안일함과 내용적 문제

도덕주의는 왜 한계에 부딪히는 걸까. 필자는 이와 관련해 다음 두 가지 요인을 꼽아 보고 싶다.

첫 번째는, 도덕주의가 오늘날의 이지메에 대해 과소평가하고 있다는 것이다.

이와 관련해서 오쓰 시 보고서도 '현재 사회문제가 된 이지메 문제의 해결은 결코 쉬운 일이 아니다', '오늘날 아이들의 이지메는 현대사회의 상황과 깊은 관련이 있기 때문에, 이지메가 발생하는 토양이 엄연히 존재하며, 그 해결 또한 쉽지 않다는 사실을 알 수 있다'고 강조한다. 이는 우리가 분석한 내용과도 중첩되는 것은 물론, 세상 사람들의 시각이라고도 할 수 있다. 현대의 아이들은 마그마와도 같은 짜증 속에서 고립감으로 신음하고 있다. 이지메 예방이란 이 '생생한 사실'을 마주하고, 현실 속에서의 인간관계와 생활환경을 구체적으로 바꾸지 않는 한 불가능하다. 이는 결코 도덕교육만으로 해결될 문제가 아니며, 하물며 아베 정권이 '결정적 수단'이라 생각하는 주 1회의 '도덕 수업'으로는 어떤 결과도 기대하기 힘들 것이다. 고작 이 정도의 조치를 통해 문제 해결의 열쇠를 찾을 수 있을 거라고 생각한다는 것 자체가 아이들의 리얼한 현실을 직시하지 못하는 안일함을 그대로 드러내는 것이다.

두 번째는, 정부가 실시해 온 도덕교육의 내용에 심각한 문제가 있다는 것이다.

미리 말해두지만, 우리는 도덕주의를 중시한다. 그러나 도덕교육은 아이들을 어떤 틀에 가두는 구차한 것이 아니라, 기본적 인권에 입각해 민주주의 사회에 걸맞은 인간적 도덕관념을 형성시키는 것이다. 또한 우리에게는 이러한 교육에 조력해야 할 사명이 있다. 우리가 정부의 도덕교육에 비판적인 것은, 그들이 이와 같은 사명을 다하고 있지 않기 때문이다. [32]

특히 문제인 것은 정부가 일방적으로 '올바른 도덕'의 내용을 정하고 있다는 사실이다(학습지도 요강의 '도덕' 부분에서 언급된 몇 가지 덕목). 가령 그 내용이 올바르다 할지라도, 국가가 국민들이 배워 익혀 제 것으로 지녀야 할 도덕을 결

---

[32]   졸저拙著《교육의 새로운 탐구》(신일본출판사, 2009년)에 수록된 '학력과 모럴' 참조.

정하고, 그것을 국민들이 배우도록 하는 것은 민주사회의 원리에 위배되는 독재적 방식이다.

게다가 정부의 도덕 수업은 사전에 세워진 '연간지도계획'에 따라 한 가지 덕목을 그 시간 내에 특정한 교재나 체험활동을 통해 배우게 하는 형태로 이루어지기 때문에, 다음과 같은 웃지못할 일이 벌어지기도 한다. 어느 학급에서 2004년 나가사키 현에서 일어난 여아女兒 동급생 살해사건에 대해 관련기사 읽기 수업이 진행됐다. 당시 담당교사가 수업 주제와 관련한 질문을 아이들에게 던졌더니, '사람을 죽이고 싶다'고 생각해 본 적이 있다는 아이가 예상외로 많았다고 한다. 그래서 그 문제에 관해 어떻게 생각하는지 학급 아이들과 토론을 진행했다. 이후 그 교사는 해당지역 교육위원회의 지도주사指導主事로부터 '대화 자체가 지니는 가치에 대해서는 부정하지 않겠지만, 그러한 내용은 도덕 수업에서 다룰만한 것이 아니'라는 지적을 받았다. 학습지도요강에 적혀있는 대로 수업을 진행하지 않았기 때문에 문제가 된다는 것이었다. 결국 현재 정부가 운영하고 있는 도덕 수업은 아이들 자신이 가지고 있는 다양한 감정, 혹은 이지메나 폭력에 대해 이야기하는 것을 상정하고 있지 않다는 것이다.

그러나 아이들의 현실에 대해서는 생각조차 해보지 않은 채 교재에 등장하는 거룩한 덕목만을 읊조리는 수업이 과연 '도덕관념 형성'에 어떤 도움을 줄 수 있을까. 그런 요식행위는 아이들에게 도덕이란 어차피 겉치레에 불과하다는 반감만 심어줄 뿐이다.

그런 의미에서 정부의 부당한 간섭을 중지시키고 일본의 도덕교육을 본격적으로 발전시켜야 할 필요성이 대두된다. 이는 이지메 문제를 해결하는 데 있어서 유효한 접근방법 중 하나일 것이다.

'교육재생노선'의 모순

문부과학성조차 확신이 없다

아베 정권이 밀어붙이고 있는 엄벌주의와 도덕주의는 앞서 지적한 것처럼 이지메 문제의 해결에 있어 무력할 뿐만 아니라 유해한 면까지 있다. 실제 아이들 가까이에서 일하는 사람들조차 서로의 입장차를 넘어 '이건 좀 아니잖아?'라며 입을 모을 정도다. 문과성도 이 문제를 실감하고 있다. 이를테면 이지메 문제를 담당하는 문과성 내 부서의 경우, 이지메 가해자와 관련한 대응 포인트가 '그 아이의 고민에 대한 이해와 공감'이라 생각하고 있으며, 이는 국회에서 이뤄진 담당 대신의 답변에도 반영됐다. 문과성 사람들조차 이지메 예방에 있어 도덕중심주의가 유효하다는 확신이 없다는 것이다.

그럼에도 불구하고 왜 아베 정권은 엄벌주의와 도덕주의의 비중을 확대하고 있는 걸까. 이 의문은 그들이 도입한 '교육재생노선'을 살펴보면 한꺼번에 풀린다. 원래 '교육재생'은 제1차 아베 정권이 내건 슬로건이었다. 이 정권은 '전후 레짐Regime[33]으로부터의 탈각'을 강조하며 수많은 의원과 교육연구자의 반대를 무릅쓰고 교육기본법 제정을 강행했으며, 그 후 학교교육법 등 주요법률에까지 손을

---

33 제2차 세계대전 패전 이후 일본에 부과된 소위 '도쿄재판 사관'의 역사인식과 교육, 그리고 평화헌법 체제 하에서의 제약된 안보시스템을 가리킨다. (※ 역자 주)

뻗쳤다. 하지만 이후 아베 총리가 스스로 정권을 내던지면서 '교육재생' 또한 자취를 감추게 되었다. 그만큼 '교육재생노선'은 아베 총리에게 있어 큰 비중을 갖는 사안이었다. 민주당으로부터 정권을 탈환해 돌아온 아베 총리는 이전에 좌절을 경험했던 이 '교육재생'을 완수하겠다는 의미에서 '실행'이라는 두 글자를 덧붙인 '교육재생실행회의'를 정권이 출범하자마자 수상관저에 설치한 것이다.

진정한 의미의 '교육재생'을 생각하지 않는 사고의 뿌리

아베 총리의 '교육재생'에는 뿌리가 있다. 제1차 아베정권 탄생 이전에 만들어진 거대 우익단체 '일본교육재생기구'가 그것이다. 이 단체의 '결성호소문'에는 다음과 같은 내용이 등장한다.

"태고太古의 신들에 의해 세워졌다고 전해지는 신비의 나라… (중략) 그러나 지금 그 자랑스러운 '일본문명'의 미래에 먹구름이 드리워 있습니다. 용맹정진勇猛精進하던 아름다운 일본의 마음은 시간이 흐를수록 더럽혀져 가정이, 지역이, 그리고 국가가 실로 존망의 위기에 직면해 있다는 느낌마저 듭니다. 왜 이렇게 되어버린 걸까요. 그것은 역사와 전통을 부정하는 '전후교육戰後敎育'이 60년 이상에 걸쳐 국민의 몸과 마음을 좀먹고, 끝내 국가의 중추에까지 파고들었기 때문입니다. (중략) 교육의 힘으로 더럽혀진 것은 오직 교육의 힘으로만 씻어낼 수 있습니다.(후략)"

이는 요컨대 정부의 중추까지 파고든[34] 전후교육을 멸하고, 파시즘 시대의 교육을 재생하자는 극도로 시대착오적인 발상이다. 또한 그 중심에는 '일본의 전쟁은 아시아 해방을 위해서였다'면서 흡사 전시체제에나 가르쳤을 법한 터무니없는 내용들로 아이들을 세뇌시켜 침략전쟁을 미화하려는 역사교육이 자리하고 있다. 최근 파문을 일으킨 하시모토 도루 일본유신회 대표의 '종군위안부는 필요했다'는 망언도 이런 흐름 속에서 등장한 것이다. 돌이켜보면 예전에 교과서 출판사를 압박해 고등학교 교과서의 종군위안부 관련 기술을 삭제하려 했던 세력의 중심에도

---

34 야기 히데쓰구 이사장은 자신의 저작에서 문과성에 대해 비판적 태도를 취한다. 문과성이 어린이 권리 조약을 인정하고 있기 때문이다. 남녀의 평등한 사회참여를 권장하는 후생노동성에 대해서도 마찬가지이다.

당시 소장파 의원이던 아베 신조 씨가 있었다. '일본교육재생기구'의 이사장인 야기 히데쓰구八木秀次 씨는 이런 아베를 '사상적 동지'라 부르고 있다.

하지만 교육은 결국 내 아이의 성장을 바라는 수많은 부모의 마음과 요구에 의거해 발전해갈 수밖에 없다. 시대착오적 발상에서 비롯된 '교육재생'은 끝내 아이들에게 통용되지 못하고 폐기될 것이다. 따라서 지금 필요한 것은, 어떻게 하면 아이들의 현실에 기초해 이지메하는 아이들이 이지메를 그만두고 인간적으로 거듭날 수 있을 것인가, 살아있는 도덕교육을 어떻게 만들어갈 것인가와 같은 과제의 해결을 위해 교육관계자들의 연대를 이끌어 내는 일이다.

8

법률이 필요한 단계

이지메 해결·방지 관련 법률의 필요성

이지메 해결·방지에 관한 법률의 존재가 과연 바람직할 것인지의 여부도 검토해봐야 할 사안 중 하나다.

미국에서는 전국 50개 주 가운데 49개 주에 '이지메 대책법'이 제정되어 있다(2012년 9월 17일 자《요미우리신문》). 이지메로 아이를 잃은 부모가 법제정을 목적으로 '불링(이지메) 폴리스 USA$^{BPU, Bully Police USA}$'라는 NPO를 설립, 변호사들로부터 협조를 받아 법률에 포함되어야 할 11가지의 기준을 검토한 후, 각 주에 법제정을 촉구한 결과였다.[35]

---

35 이비 미에코井樋三枝子, 〈미합중국의 이지메 방지 대응〉, 《외국의 입법》 제233호, 2007년 9월, 7~9쪽.

또, 유럽의 몇 개 나라들도 이지메 방지에 관한 법률을 제정해 놓고 있다. 이를테면 프랑스의 경우, 예전에는 학교나 집단 등에서 '신입에 대한 이지메'가 종종 일어났지만, 1998년 이를 금하는 법률이 제정되었다. 영국도 같은 해 법률에 의해 각 학교 교장들에게 이지메 관련 방침을 세우도록 했다.

이제 일본도 이지메에 대한 법률적 해결을 도모해야 할 단계에 와 있다. 이지메로 인한 아이들의 인권침해가 반복되고, 소중한 생명마저 빼앗기는 사태가 최소 30년 이상 지속되고 있기 때문이다. 중대사건의 다수가 학교의 서투른 대응 때문에 악화되며, 심지어 이에 대한 은폐까지 끊이지 않는 상황에서 문제 개선에 조금이나마 도움을 줄 수 있는 법률 제정의 필요성이란 두말할 여지가 없다.

민주주의 사회에서 법률은 인민의 권리 수호를 위해 존재한다. 그 권리가 심각하게 위협받고, 개선의 여지가 보이지 않을 때, 법률은 유효한 수단이 될 수 있다.

권리를 보장·구제하며, 가정과 교육에 개입하지 않는 관점

하지만 문제는 법의 내용이다. 이지메가 일어나고 있다 하더라도 원칙적으로 교육현장은 문화적 행위의 공간이므로 권력적 지배나 법률로 이런저런 것들을 명령하는 일들이 벌어져서는 안 되기 때문이다. 이에 우리는 법제화의 기준과 관련해 다음 세 가지 방향을 생각해 냈다.

첫 번째, 아이들은 이지메로부터 보호받을 권리가 있으며, 이를 성인 사회가 보장하는 것이다. 그 방향을 명확히 하기 위해 아이들이 이지메를 당하지 않고 안전하게 살아갈 권리가 있음을 조문으로 명기하는 한편, 이를 실제적으로 보장하기 위해 성인 사회(구체적으로는 학교·교원과 교육 행정당국)의 안전 배려 의무(구체적으로는 안전 확보 의무)를 규정할 필요가 있다. 아울러 법률은 이러한 모든 것들이 보다 실질적인 차원에서 이루어질 수 있도록 하는 내용을 중심으로 만들어져야 할 것이다. 그리고 또 한 가지 중요한 것이 있다. 바로 이지메의 진상에 대한 피해자와 그 가족들의

'알 권리'를 명확히 하는 것이다. 이와 관련해 학교나 행정당국의 은폐를 근절하기 위한 법적근거가 필요하다.

두 번째로, 이지메 대책과 더불어 아이들과 그 보호자들의 일상생활, 나아가서는 교직원들의 교육활동에 대해 이래라저래라 명령하는 일을 피하는 것이다. 오쓰시의회가 제정한 '오쓰 시 이지메 방지조례'가 그 한 예라 할 수 있다.

이러한 사항은 법률로 강제하는 것이 아니라 아이들이나 보호자, 교직원의 자주적 노력에 맡겨야 한다. 학교와 교사들에게 이지메 대책으로서 '엄벌주의'나 '도덕주의'를 강요하는 법률은 교육현장에서 활력을 사라지게 하고, 이지메 대책에 어려움만 더해줄 뿐이다.

세 번째로, 법률의 내용에 대해 국민적 검토를 받는 것이다. 그 과정에서 직접적 당사자인 피해자와 보호자, 관련 NPO단체 및 교직원 등의 의견이 충분히 반영되어야 한다. 이지메 문제는 교육연구자, 변호사, 임상심리사, 소아정신과의, 아동복지, 소년사법少年司法 등 다양한 분야의 전문가들과 관련을 맺고 있다. 이런 이들의 지혜를 결집시켜 법률을 만들어야 할 필요가 있다.

이지메 해결·방지를 위한 법률적 검토

앞서 언급한 기본방향에 따라 법안을 검토한다면 그 내용이 어떻게 될지 요점을 검토해보았다.

| 하나, 이념 |

■ 이지메의 정의 등

— 이지메의 인권침해적인 특성과 폭력성은 아이들의 생명과 심신에 중대한 영향을 주는 것은 물론, 아이들의 장래와 관련해서도 심각한 영향을 끼칠 수 있다는 점을 명확히 한다.

— 이지메를 '한 아이(18세 이하)에 대해 다른 아이가 역학구도 속에서의 위치나 입장, 혹은 인간관계에 있어서의 우월한 입장 등을 악용해 가하는 심리적, 또는 물리적 공격'으로 정의한다. (나이가 18세 이상인 재학생의 경우도 같은 정의가 적용될 수 있도록 한다)

■ **이지메당하지 않고 안전하게 살아갈 권리**

- 개인의 존엄을 기본으로 하는 헌법과 어린이 권리 조약의 이념에 따라 아이들에게 이지메를 당하지 않고 안전하게 살아갈 권리가 있음을 명확히 하고, 이를 보장하는 것을 법률의 골자로 한다.

■ **학교의 자주성 존중**

- 이지메에 관한 조사가 진행될 경우, 이지메를 당한 아이들과 그 보호자들이 관여할 수 있도록 한다, 이때 이지메를 당한 아이들과 그 보호자들이 필요에 따라 이지메에 관한 정보를 입수할 수 있도록 하는 등 이지메를 당한 아이의 권리를 최대한 존중한다.

| 둘, 학교의 안전 확보 의무 |

■ 학교의 교장, 교직원은 이지메로부터 아이들을 지키며, 그 생명과 심신의 안전을 확보할 의무가 있다고 명기한다.

■ 교장이 학교의 교직원을 감독하는 한편, 교직원이 안전

확보 의무를 수행하는 데 필요한 조언과 지원 또한 제공할 것을 강조한다.

■ 교육위원회는 학교가 안전 확보의 책무를 수행할 수 있도록 필요한 인원의 충분한 확보 등을 비롯한 환경조성에 노력한다.

| 셋, 아이들의 안전 확보를 위한 학교의 집중 태세 |[36]

교직원이 이지메의 존재를 인지하게 될 때는 이미 그 상황이 심각한 단계로 접어들어 대응이 쉽지 않은 경우도 있기 때문에, 무엇보다 조기에 발견해 이지메의 진행을 중단시키는 것이 아이들의 안전을 확보하는 데에 있어서 중요하

---

36 학교의 안전 확보 의무를 '안전 확보 태세'로 구체화했다. ① 안전 확보 ② 전모 해명, ③ 해당 보호자에 대한 보고와 경과 관찰 ④ 교직원의 집단적 대응과 연대 ⑤ 보호자와의 연대·협력과 정보공유 ⑥ 학교 차원에서의 해결이 어려운 이지메일 경우 외부기관과 연대 ⑦ 이지메 상담의 일상적 창구 설치 등 일곱 가지로 구성된다. 그 중 ①에서 ⑥까지의 내용은 전에 있었던 '이지메 재판'의 판례가 기준이 되었다(이치카와 스미코, 《학교교육 재판과 교육법》). 이는 피해자들의 희생을 통해 얻어진 원칙이기에, 우리는 이러한 원칙을 충분히 반영한 법률 제정이 도모되어야 한다고 생각했다.

다. 이러한 사실을 감안해 학교는 안전 확보에 대해 다음과
같은 대응을 실시할 책무가 있다.

① 이지메가 의심될 경우 일단 이지메 당하는 아이의 안전
   을 확보한 후, 신속히 그 사실을 확인하기 위한 조치를
   취한다.
② 배경을 포함한 이지메의 전모를 해명하기 위해 필요한
   조치를 취한다.
③ ①, ②를 통해 파악한 이지메의 실태를 이지메당한 아
   이의 보호자와 이지메한 아이의 보호자 등에게 보고하
   는 한편, 경과를 관찰한다.
④ 가능한 한 많은 교직원의 연대·협력을 통해 ①의 안전
   확보·사실 확인, ②의 전모에 대한 해명, ③의 보호자에
   대한 보고·경과의 관찰 등을 위해 성실히 대응한다.
⑤ ①에서 ④까지의 대응을 진행하기 위해 보호자와의 연
   대·협력에 힘쓰고, 이지메에 관한 정보를 최대한 공유
   한다.
⑥ 학교 차원에서의 해결이 어려운 이지메일 경우, 교육

학, 의학, 심리학, 법률학 등 전문적 지식을 가진 사람, 전문기관, 관계기관 및 관계단체 등과 연대·협력 체제를 정비하고 필요한 협조를 제공받는다.

⑦ 학교는 이지메 상담 및 관련 대응을 일상적으로 진행하는 데 필요한 체제를 정비한다. 이를 위해 교육학, 의학, 심리학, 법률학 등 전문적 지식을 보유한 전문가, 전문기관, 관계기관 등과의 연대나 관계단체에서 활동하는 보호자의 참여 등을 검토한다.

| 넷, 이지메를 하는 아이들에 대한 학교의 대응 |[37]

■ 학교는 신속하게 이지메를 그만두게 하기 위해 필요한 조치를 취함과 더불어, 이지메를 하는 아이들을 갱생을 위한 지원이 필요한 자로 간주하고 아동복지기관이나

---

37 이지메를 하는 아이들을 '갱생을 위한 지원이 필요한 아이'로 규정한 것은 엄벌주의적 관점을 지양하고, 이지메를 저지른 아이들의 갱생을 학교교육, 아동복지, 소년사법 등 세 가지 수단을 통해 도모한다는 점을 명확히 하기 위해서다. 아울러 제휴가 필요한 경우도 있다는 사실을 부정하지는 않지만, 경찰은 어디까지나 범죄수사기관일 뿐 아이들의 갱생을 위한 전문기관이 아니므로 '필요에 따라' 제휴할 수 있다는 표현을 쓸 것이다.

전문가와 연대해 필요한 지원을 제공한다.

■ 이지메에 형법상의 공갈죄恐喝罪나 상해죄 관련 규정에
저촉되는 행위가 포함되어 있을 경우, 학교는 갱생을
위해 소년법의 규정에 근거, 가정재판소에 심판을 요청
하는 일을 검토한다. 필요에 따라 경찰과 제휴할 수도
있다.

| 다섯, 중대 사건의 조사 |

■ 학교는 이지메와 같은 중대 사건이 일어났을 경우 사흘
이내로 조사를 진행하고, 결과를 교육위원회와 이지메
를 당한 아이 및 그 부모에게 통지한다.

■ 학교는 보고를 진행하면서 이지메를 당한 아이 및 그
보호자들의 의견을 기재한 서면을 제출해야 한다.

■ 교육위원회는 학교가 조사를 진행할 경우 지도와 조언,
기타 지원 등을 제공하는 한편, 필요하다고 인정될 경
우 직접, 혹은 제3자(해당 학교의 설치자 및 교원 등을 제외한
자)로 구성된 조사 기관을 설치해 조사를 진행한다.

■ 지자체장도 필요하다고 판단할 경우 제3자 기관 등에 의한 조사를 진행할 수 있다. [38]

| 여섯, 정부·지방공공단체의 의무 |

■ 학교 교직원이나 아동상담소 소장, 직원 등을 포함한 많은 직원이 이지메 방지 및 해결에 협력할 수 있도록 교직원 수를 늘리고, 학급규모를 축소시키는 한편, 아동상담소 직원을 충원하는 등 필요한 시책을 계획적으로 강구한다.

■ 학교·교육위원회와 독립적으로 이지메 관련 상담을 실시하고, 그 방치·해결에 대해 직권을 행사할 수 있는 기관을 설치한다.

■ 이지메 문제와 관련한 연수를 보장한다. 연수 내용에

---

38 오쓰 시 사례처럼 시 교육위원회가 참여하는 조사에 시장이 의문을 품고, 시장 직속으로 제3자 조사위원회를 설치할 수도 있다. 교육행정조직법에 반한다는 의견도 있지만, 이 법이 학교교육에 관한 것인 만큼 시민의 한 사람이기도 한 아이의 생명이 위협받는 일에 대응하기 위해 시장이 행동에 나서는 것은 부정할 이유가 없다.

교육학, 의학, 심리학, 법률학 등 전문적 지견과 피해자·유족 등의 뜻이 반영될 수 있도록 한다.

■ 이지메 피해로 생긴 경제적 부담의 경감輕減, 그 외의 구제 등을 위해 필요한 시책을 강구한다.

■ 사립학교에서의 이지메 방지 및 해결과 관련해 공립학교에 취해진 조치에 준하는 조치가 이루질 수 있도록 필요한 시책을 강구한다.

■ 해결이 지극히 어려운 사례에 대비할 수 있는 '이지메 방지 센터'를 정부차원에서 설립한다.

'이지메 방지대책 추진법' 성립−문제점과 과제

일본 최초의 이지메 대책 관련 법률

2013년 6월 21일, 일본 최초의 이지메 대책 관련 법률인 '이지메 방지대책 추진법'이 성립되었다. 자민당, 공명당, 민주당, 일본유신회, 민나노당みんなの党, 생활의 당 등 여야 여섯 개 정당이 공동으로 법안을 제출해 일본공산당과 사회당을 제외한 국회 내 모든 정치세력으로부터 찬성을 받아 가결된 것이다.

참의원·중의원을 합쳐 불과 네 시간 만에 심의가 끝나버렸으며, 주요법안의 성립을 추진할 경우 반드시 진행되는 관계자 의견청취도 이루어지지 않았다. 일본공산당이 이 법안에 반대한 것은 그 내용에 심각한 문제가 있었기 때문이다. 일본공산당은 먼저 관계자들로부터 제대로 의견을 들어본 후, 더 나은 법을 다시 제정하라고 촉구했다. 아울러 이지메 문제와 관련해 활동하는 일본변호사연합회조차 이 법에 대해 '의견서'를 발표하고, 20여 가지의 문제점을 지적했다.

법률적 문제점을 개선하여 관련 대응을 진전시키기 위해

물론, '이지메 방지대책 추진법'은 단지 비판하는 것만으로 끝나서는 안 될 사안이다.

이 법률이 제정된 계기는 오쓰 시에서 일어난 자살사건이었지만, 정작 오쓰 시 사건 유족들은 이 법안이 성립되기 전, 자신들의 바람이 내용에 반영되어 있지 않다고 비판했었다. 하지만 법안이 성립된 후에는 '아들을 대신해 감사드린다'로 시작되는 발언을 했다. 물론 많은 이지메 유족이 이 법안에 문제가 있다는 사실을 알고 있다. 그럼에도 불구하고, 일본 최초로 이지메 방지 명목의 법률이 성립되었다는 사실에 주목하면서 사회와 학교에 조금이나마 변화가 일어나기를 기대하고 있는 것이다.

이지메 유족들은 내 아이를 잃은 지 몇 년이 지났음에도 변함없이 매주 어딘가에서 소중한 생명이 사라지는 현실을 이를 악물며 지켜봐 왔다. 일본공산당은 이러한 현실을 어떻게든 변화시켜보고 싶다는 그들의 절실한 마음에 답하려는 것이다.

그러기 위해서라도 이 법률에 대해 제대로 이해하고 − 이는 법률의 특정 부분에 대한 철저한 비판 없이는 불가능하다− 과연 어디에 문제가 있는지를 명확히 밝힘으로써, 이지메 해결을 위한 대응에 활용하는 것이 중요하다.

'추진법'의 문제점

엄벌주의와 도덕주의

'이지메 방지대책 추진법'의 기초가 된 것은 이미 제출된 상태였던 자민당·공명당의 '여당안'과, 민주당, 생활의 당, 그리고 사민당 등이 제출한 두 가지 법안인 이른바 '3당안'이었다. 법안의 조정은 "'여당안'을 기초로 하고, 여기에 '3당안' 가운데서 내용적으로 큰 갈등의 소지가 없는 것들을 적당히 끼워 넣는다"는 기조에 따라 이루어졌다. 일본공산당은 '이지메 문제 법제화에 대한 일본공산당의 견해'를 발표해 '여당안' 등에 중대한 문제가 있음을 지적하는 한편, 일본공산당 나름의 방향성에 근거해 법률의 골자를 제안했다. 아울러 일단 관계자들로부터 의견을 들어본 후에 보다 바람직한 법안을 다시 만들어내야 한다고 주장했지만, 단 한마디도 받아들여지지 않았다.

이 '중대한 문제'의 중심에 자리 잡고 있는 것이 바로 엄벌주의와 도덕주의다. 엄벌주의와 도덕주의는 7장에서 다뤘던 것처럼 아베 총리의 '교육재생실행회의'가 몇 번이나 이지메 대책에 은근슬쩍 끼워 넣으려고 시도한 바 있으며, '여당안'에 강력하게 반영되어 있다. 이런 토대 위에서 태어난 법률이다 보니 '추진법'에 엄벌주의와 도덕주의가 각인되어 있는 것은 당연한 일인지도 모른다. 이 두 가지 '주의'의 문제점에 대해서는 이미 언급한 바 있으니 여기서는 이와 같은 문제점이 조문상에서 어떤 형태로 나타나고 있는지 살펴보도록 하겠다.

엄벌주의와 연관되는 '추진법'의 부분을 살펴보면, 우선 "아동 등은 이지메를 하면 안 된다"(제4조)라며 법률로써 아이들에게 이지메 금지를 명령하는 부분이 있다. 이지메나 교육문제 관련 모임 참석자들에게 이 부분을 읽어주면 여기저기서 실소와 놀라움의 목소리가 터져 나온다. 법률로 금지된 이지메를 한 아이들(따라서 법률 위반자로 간주된다)에게 "교육상 필요가 있다고 인정될 경우 … 징계를 가할 수 있도록 한다"(제25조)는 이야기도 등장한다. 또한 '출석정지제도'를 강조하는 조항도 있다(제26조). 사실 징계도, 출석정지도 이미 학교교육법이 규정하고 있는 내용들인데, 이를 굳이 따로 추려내어 조문에 포함시켰다는 것은 결국 징벌화懲罰化를 조장하려는 의도에서 비롯되었다고 보지 않을 수 없다.

이지메를 당한 아이들과 이지메를 한 아이들을 '지원'의 대상과 '지도'의 대상으로 구분하는 조항도 신경이 쓰이기는 마찬가지다(17, 18, 20, 23, 27조). 이지메를 하는 아이들은 이지메를 그만둘 때까지 확실한 대응이 이루어져야 할 대상인 동시에 '지원'의 대상이기도 하다. 그런 아이들을 일방적으로 '지원'의 대상이 아니라고 단정하는 태도는 결국 엄벌주의로 귀착될 가능성이 크다. 심지어 법률은 경찰과의 제휴를 필요 이상으로 강조한다(23조 6항 등). 사안의 경중을 가리지 않고 무조건 '경찰'을 끌어들이면, 학교는 아이들과의 신뢰관계를 잃게 되고 이지메 해결을 위한 힘을 상실할 수밖에 없다.

도덕주의와 관련한 내용으로는 '모든 교육활동을 통한 도덕교육 및 체험활동의 충실'을 명시한 제15조(학교에서의 이지메 방지)의 맨 앞부분을 들 수가 있다. 도덕주의가 현장에서 실패했으며, 심지어 오쓰 시의 제3자위원회조차 '한계가 있다'고 지적한 점에 대해서는 이미 언급한 바 있다. 따라서 이는 실효성이 없는 방지책을 강조하는 조문일 뿐이다.

부모에 대한 '명령'

또한 법률은 보호자들에게 다음 세 가지 책무를 부과하고 있다. ① 내 아이가 이지메를 하지 않도록 '규범의식을 기르기 위한 지도'에 힘쓸 것, ② 내 아이가 이지메를 당할 경우 '적절하게' 보호할 것, ③ 정부, 지자체, 학교 등의 이지메 방지 조치에 협력할 것 등이다(9조 1~3항). 법률이 가정교육의 영역을 이렇게까지 침범하는 것이 과연 바람직한 일일까. 그 폐해에 대해 생각해보도록 하겠다.

① 많은 부모가 자신의 아이를 이지메를 하지 않는 아이로 기르고 싶어 한다. 그러한 목표를 어떻게 이루어낼지는 전적으로 그들 각자의 판단과 실행에 달려있다. 제아무리 올바른 이야기라 해도 법률로 명령해서는 안 되는 것인데, 심지어 이 법률의 경우 그 내용이 무척 이상하기까지 하다. '가정의 깊은 애정과 정신적 지원, 신뢰에 기초한 엄격함, 부모자식 간의 대화와 접촉'(2006년 10월 19일 문과성이 내놓은 자료인 '학교 이지메 문제와 관련한 기본적 인식과 대응의 포인트'를 직접 인용) 등이야말로 이지메를 하지 않는 아이를 키우는 데 있어 중요한 것들 아닐까. 결국 국가가 아무리 '규범의식을 지도하라'고 명령한들, 아이들과 부모들의 마음에 어떤 반향이 일어날 것이라 보기는 힘들다.

② '내 아이를 적절히 보호하라'는 것도 말처럼 쉬운 일이 아닌 까닭에, 많은 부모가 고민하고 있다. 걱정이 되어 "혹시 이지메를 당하고 있니?"라고 물어보더라도 "뭐, 별로", "괜찮아"라는 대답이 돌아오기 십상이다. 중요한 것은

어떻게 해야 이지메를 발견할 수 있을까 하는 부모들의 고민에 답이 되는 계발과 소통의 장을 마련하는 일이다. 하지만 법률은 그저 내 아이를 '적절하게' 지키지 못한 부모들에 대해 법률 위반자라는 선고를 내리고 있을 따름이다.

③ '정부, 교육위원회, 학교 등에 협력하라'지만, 그들 또한 언제나 올바르다고는 할 수 없다. 정부의 입장에서 보면, 도덕주의와 엄벌주의가 최고의 '이지메 방지조치'다. 이지메 상담에 그다지 열의가 없는 교육위원회와 학교에 부모가 무조건 협력해야 할까. 행정당국과 학교의 할 일은 부모들의 비판 또한 받아들이며 더 나은 방침을 모색하는 것이어야 한다. 이 내용은 바로 이러한 기본전제를 무시하고 있다.

교육은 명령이 아닌 납득을 통해 진보하는 문화적 행위이다. 부모들이 학교의 방침을 따르지 않는 데에는 반드시 이유가 있다. 그런 까닭에 부모들의 말에 귀를 기울이는 성실함, 곤란해 하는 부모들의 상태를 이해하고 공감할 줄 아는 따뜻함, 때로는 자신들의 방침까지도 재고해 볼 수 있는 겸허함이 중요한 것 아닐까. 바로 이러한 자세를 통해 어려움을 겪고 있는 부모들도 도움을 받고, 마음을 열 수 있는 것이다. '납득'은 그 이후에 이루어진다.

피해자, 유족의 애매한 '알 권리'

법률에 대해 사람들이 기대하는 것들 중에는 은폐에 대한 근절도 있다. 현재 자살을 비롯한 중대사건이 일어나면 학교는 기본적으로 설문조사 등을 실시해 사실관계를 조사한다. 이를 포함한 모든 내용들을 숨김없이 공개했으면 하는 유족들의 절실한 바람도 있을뿐더러, 이것이 가능해질 경우 은폐 자체가 일어나기 어렵다.

하지만 법률은 이 부분과 관련해서 '해당 조사와 관계된 중대사태의 사실관계 등 그 외 필요한 정보를 적절히 제공한다'(28조 2항)고만 언급하고 있을 뿐이다. 거의 현행 제도를 답습하는 모습이다. 이와 관련해서 오쓰 시 유족들은 "지금 이 상태라면 아무 것도 바뀌지 않는다. 반드시 법안화法案化시켰으면 했던 내용들이 전혀 반영되지 않았다"고 지적했다. '추진법'이 유족들의 '알 권리'와 관련한 어떤 실효성도 가지고 있지 않다는 것이다. 행정당국이 '필요'하다고 판단하는 '정보'를 '적절'하게 보호자들에게 전달하는 것만으로는 유족들의 '알 권리'가 담보될 수 없다. 하지만 이점을 지적하는 일본공산당 소속 미야모토 다케시 의원의 질문(2013년 6월 19일)에 법률 제안자는 "반드시 적절한 대응을 할 수 있게 될 것이라 믿고 있다"는 애매한 대답밖에 하지 못했다.

'추진법'의 모순

중요한 것은 이러한 '추진법'의 문제점이 빼도 박도 못하는 모순을 내포하고 있다는 사실이다. 이를테면 엄벌주의적 조항과 관련해서 아무런 근거도 제시하지 않고, 그저 '그렇지 않다'는 말밖에 하지 못하는 모순이 그 예다.

관련사례를 구체적으로 소개해 보면, 미야모토 의원이 국회에서 '추진법'이 "엄벌화의 입장에 서 있는 것 아니냐"고 추궁하자, 제안자는 "엄벌을 주려는 의도는 전혀 없다", "이지메를 저지른 아이들의 마음과 고민을 이해하는 입장에서 대응하는 일이 중요하다는 점을 충분히 인식하고 있다"라는 원론적인 답변밖에 하지 않았다. 그나마 후자의 답변은 필자가 앞서 언급한 문과성의 '이지메 대응 관련 공식 견해'를 반복한 것에 불과하다.

이러한 문제는 도덕주의와 연관된 부분에서도 같은 양상으로 나타난다. 오쓰 시 사건의 예에서 볼 수 있듯이 도덕주의를 중심에 위치시키는 방식은 이미 파탄을 맞고 있는 것 아니냐는 미야모토 의원의 질문에 제안자는 "이지메 방지 대책은 한가지로 부족하다. 따라서 어떤 한 가지 대책을 통해 전체적인 문제를 해결하려 하기보다 여러 조치들을 조화시켜 이지메를 방지하는 것이 중요하며, 아동 등에 대한 이해를 심화시키는 것 역시 중요하다고 생각한다"고 답변했다. 이에 미야모토 의원이 학급과 학생회에서의 소통을 통해 이지메를 극복한 사례를 소개하자 시모무라 히로후미 문과성 대신은 "모든 아이가 그런 인식을 가질 수 있는 교육현장을 만드는 일이 무척 중요하다고 생각한다"고 답변했다. 미야모토 의원이 제시한 사례가 실효성 없는 '도덕주의'에 기대지 않고, 전 교직원이 하나 되어 일군 창조적 교육의 결과였다는 것은 더 말할 필요도 없다.

심각한 이지메일수록 엄벌주의와 도덕주의로 극복하기 어렵다. 그럼에도 정부는 이 두 가지 이념에 기초한 법률을 제정한 것이다. 이러한 모순이야말로 엄벌주의와 도덕주의를 폭주시키는 토대나 다름없다. 여기서 모순을 더욱 심화시키는 것이 보호자들에 대한 의무의 강제다. 물론 조문에 보면 가정교육에 대한 권력적 개입이 될 수 있다는 비판을 의식해 "가정교육의 자주성을 침해하지 않겠다"고 언급하는 내용도 등장한다. 예컨대 앞서 소개한 ①에서 말하는 '규범의식의 지도'란 '가정교육의 자율성이 존중되어야 한다는 원칙을 흔드는 방향으로 해석되어서는 안 되는' 것이며, ①부터 ③까지의 내용에 걸쳐 언급한 세 가지 책무 또한 그 존재로 인해 '학교의 책무가 경감될 수 있다고 이해해서는 안 된다'는 내용이 그것이다(9조 4항). 이러한 부록 형식의 조문은 원래의 규정이 가정교육의 자주성을 침해하고, 보호자들에게만 이지메 대응의 책임을 강요함으로써 학교 측의 책임을 면해 주려는 취지가 있었음을 보여

준다. 추가적인 내용을 곁들일 사안이 아니라 애초의 규정 자체가 적절치 못했다는 이야기다.

이지메를 바라보는 '추진법'의 시각

이처럼 분석을 진행하다 보면 '추진법'이 '이지메'를 어떤 시각으로 보고 있는지가 적나라하게 드러난다.

그중에서도 특히 우려를 자아낸 것은 '아동 등은 이지메를 하면 안 된다'고 규정한 제4조이다.

이지메나 교육문제 관련 모임에서 이 부분을 읽어주면 회의장이 동요하는 가운데 무슨 불쾌한 농담이냐며 실소를 터뜨리는 사람까지 있다는 것은 앞서 언급한 바 있다. 아이들에게 읽어주면 "희망이 없네", "바보 아니야" 등과 같은 솔직한 반응이 돌아오기도 한다.

이렇듯 형용하기 힘든 위화감이 조성되는 원인 중 하나가 바로 법률이 인간의 행동에 대해 명령하고 있다는 것이다. 걷든 걸음을 멈추든, 잠을 자든 일어나든 모두 자유의

지를 가진 인간이 스스로 선택할 문제다. 아울러 이지메와 같이 인간으로서 해서는 안 되는 행위 또한 법률이 아니라 인간이 스스로 선택해야 하는 문제이기에, 인간의 주체성과 양심이라는 것이 개입할 여지가 존재하는 것이다. 이것을 '올바르지 않다'면서 법률로 규정하는 것은 인간의 주체성을 인정하지 않는 독재사회의 방식에 다름 아니다. 민주주의 사회에서는 인간 내면과 그 내면의 발로發露인 행위에 대해 '이래라저래라' 법률로 명령하지 않는다.

위화감의 보다 큰 원인은 법률이 규정하는 '금지의 대상'이 하필이면 아이들의 이지메라는 것이다.

이지메는 성장하는 과정에서 어떤 아이라도 일으킬 수 있는 문제다. 심지어 나조차 초등학교 저학년 시절 이지메를 당했던 경험이 있다. 대단히 우수한 학생이던 동급생이, 짐작컨대 학업을 통해 받은 스트레스를 발산하려는 목적으로 내게 생전 들어본 적 없던 욕설을 쉬지 않고 내뱉었던 것이다. 지금 생각해 보면 대수롭지 않은 일일지도 모르지만, 당시 초등학생이던 나는 마음속으로 고민을 거듭할 수밖에 없었다. 태어나 처음 느껴보는 감정이었다. 하지만 이내 그 이지메(혹은 그 비슷한 짓) 문제는 말끔히 해결되었는데, 나는 당시 머리를 푹 숙이고 사죄하던 동급생에게 존경심을 느꼈다. 아이들은 누구나 복잡한 환경 속에서 살아간다. 그 안에서 받은 스트레스가 심술궂은 이지메로 발전하는 경우도 충분히 있을 수 있다. 그런 의미에서 보면 아이들은 누구라도 이지메를 저지를 가능성을 가지고 있는 것이다.

그런 이지메를 법률로 금지하는 것은 논리적으로 볼 때 비현실적이다. 또한 실천적 차원에서 보면 '이지메는 있어서는 안 된다'는 입장을 아이들에게 일방적으로 강요하는 것이라 할 수 있다. 도덕주의와 엄벌주의야말로 이러한 태도의 전형이라 할 수 있지 않을까. 있어서는 안 되는 일이니 일단 아이들에게 도덕교육을 통해 '있어서는 안 된다'는 생각을 주입하고, 그럼에도 불구하고 '있어서는 안 된다'는 그 이지메를 저지른 아이는 엄벌에 처한다는 논리. 도덕주의와 엄벌주의는 '이지메는 있어서는 안 된다'는 권선징악적인 시각에서 비롯된 표리일체表裏一體의 두 가지 요소 중 하나인 것이다.

여하튼 현실은 '이지메는 좋지 않은 것이지만, 모든 아이들 사이에서 일어날 가능성이 있다'는 것이다. 따라서 '있어서는 안 되지만 엄연히 존재'하고 있다는 실제적 대립 구도를 직시해 이지메 문제를 다루어야 할 필요가 있다. 이러한 태도를 유지하다 보면 '현실적으로 존재하는' 이지메를 '존재하지 않는' 것으로 만드는 상황 해결과 극복의 프로세스가 중요하다는 결론이 도출된다. 같은 맥락에서 이지메 대책 또한 범죄수사가 아니라 아이들을 기르는 '교육'이라는 '문화적 행위'의 차원에서 전개되어야 할 것이다. 결국 이지메를 하거나 이지메를 당하는 것을 부추기거나 마음에 들지는 않지만 방관하는 −그런 인간관계에 문제를 제기해 이지메를 극복하고 대등한 인간관계로 변화시켜 가는 것에 문제 해결의 열쇠가 있다.

　이 책의 모두에서 '이지메란 인권침해이자 폭력'이라는 규정이 무엇보다 중요하다고 언급한 바 있다. 그리고 이 지점에서 다른 한 가지의 규정도 중요하다는 것을 알게 되었다. 바로 '이지메는 성장과정에 있는 모든 아이에게 일어날 수 있다'는 것이다. 이지메가 인권침해이자 폭력이라는 규정은 '있어서는 안 되는 것'이라는 논리와도 맞물린다. 그러나 다른 한편으로 이지메는 모든 아이에게 '일어날' 가능성을 가지고 있다. 이러한 두 가지 대립적 규정에 대해 제대로 인식할 때, 이지메 대책 또한 현실성을 가질 수 있지 않을까. 또한 이는 아이들을 길러내는 '교육'이라는 문화적 행위 속에서 이지메를 해결하거나 어려움을 딛고 아이들의 생명을 구해왔던 수많은 실천의 근거이기도 하다.

다만, 한 가지 첨언하면 '성장과정에 있는 모든 아이에게 일어날 수 있다'는 규정에 경도될 경우, 자칫 이지메당하는 아이들의 마음의 상처와 생명의 위협을 과소평가하고 지나쳐 버릴 수가 있다. 일본에서 이지메 문제가 심각해지기 이전까지만 해도 사회적으로 '이지메는 통과의례다. 아이들은 그것을 견디면서 성장하는 것'이라는 논의가 팽배했지만, 사실 이는 '누구에게나 일어날 수 있다'는 규정에만 치우친 의견이라 하지 않을 수 없다. 하지만 거듭 강조하건대, 서로 대립하고 있는 것처럼 보이는 이 두 가지 규정을 하나로 묶는 일이 중요하다.

성립된 법률과 교육현장

'추진법'은 공포☆布된 날로부터 3개월 후인 9월 28일부터 시행된다. 실제로 어떤 일들이 진행될까.

우선 정부는 문과성 대신이 '이지메 방지 기본방침'을 책정한다(11조). 지자체는 이 '기본방침'을 참작해 '지방 이지메 방지 기본방침'을 제정할 의무가 부과된다(12조). 그러고 나면 다시 학교에 정부와 지방의 방침을 참작해 '그 학교에 실정에 맞추어', '학교 이지메 방지 기본방침'을 정할 의무가 부과된다(13조). 지역 단위로 연락협의회가 구성될 수도 있다(14조).

그리고 전국의 모든 학교에 이지메 방지 등의 대책을 위한 '조직'이 설치된다. 이 '조직'은 '복수의 교직원', '심리, 복지 등에 관한 전문적 지식을 가진 자', '그 외 관계자' 등으로 구성된다(22조). 학교에서는 이지메에 관한 정기적 조사가 이루어지고, 정부와 지자체에 이지메 관련 통보·상담을 '받아들이기 위한 체제'가 정비되며, 교육위원회와 학교에도 일정한 형태의 '상담체제'가 정비될 것이다(16조 1~4항).

'다섯 가지 원칙'에 대한 합의 형성부터

이와 같은 법률을 구체화시키는 데 있어서 중요한 것은 이지메 대책의 진전을 위해 법률이 사용될 수 있는 부분에서는 법률을 사용하면서도, 폭주를 하면 곤란한 부분에 대해서는 정확히 못을 박아두는 일이다.

이 부분과 관련해서, 학교와 교육행정당국이 눈앞에서 벌어지는 이지메로부터 아이들의 생명을 지키기 위한 기본 원칙을 확립하는 것에 중심을 두고 이야기를 전개해 보고자 한다.

앞서 이야기했지만, 일본공산당은 학교에서의 이지메 문제 대응과 관련해 다섯 가지 원칙을 제안했다. 물론 이 '다섯 가지 원칙'은 시안이며, 일본공산당은 교육현장에 이를 강요할 생각도 없다. 각 학교의 교직원들이 본심을 털어놓고 소통하는 가운데 그들 스스로 기본 원칙을 확립해 주기를 바라기 때문이다. 그때 우리의 시안이 참고자료의 하나로 기능할 수 있다면 더 바랄 것이 없겠다는 생각뿐이다.

우리의 가장 큰 바람은 학교의 이지메 관련 대응이 진전되어 아이들의 안전이 확보되는 것이다. 그런 의미에서 이 '추진법'이 '다섯 가지 원칙'과 어떤 관계에 있는지, 그 내용에 대해 살펴보도록 하겠다.

① **생명 우선, 이지메 관련 대응을 절대로 미루지 않는다**

생명 우선의 관점에서 보면 '이지메당하는 아동 등의 생명 및 심신을 보호하는 일이 특히 중요하다는 점을 인식하면서 … 이지메 문제를 극복할 것'을 기본이념(3조 3항)으로 언급하는 등, 이 원칙을 부정하고 있는 것은 아니다.

② **'이지메를 당하고 있는 걸까?'라는 의심이 드는 단계에서 전 교직원, 보호자들에게 정보를 알리고 함께 대응한다**

정보공유와 교직원·보호자 등의 공동대응에 있어서, 교직원에게는 보호자, 지역주민, 아동상담소, 기타 관계자 등과 제휴를 도모하고, 이지메 방지와 조기발견을 위해 노력하며, 이지메가 벌어지고 있다는 생각이 들 경우 적절하고도 신속하게 대처해야 한다는 책무가 부과된다(8조). 보호자와의 연대와 관련한 조문도 있다(15조 2항). 아울러 이지메 관련 상담을 진행할 경우, 신속하게 학교에 통보해야 한다는 조문도 있지만(23조 1항, 이는 지방공무원과 보호자들에게도 적용된다), 이 과정에서 기계적으로 대응할 경우 상담을 받은 아이와의 인간적 신뢰가 무너져 버릴 수도 있다는 점에 주의해야 한다.

③ **아이들이 이지메를 그만두게 하는 인간관계를 형성하도록 한다**

이 부분과 관련해서는 '학교의 이지메 방지'를 위해 '이지메 방지에 도움을 주는 활동을 해당 학교에 재적한 아동 등이 자주적으로 벌여나갈 수 있도록 지원'한다는 내용이 나온다(15조 2항).

④ **이지메당하는 아이들의 안전 확보+이지메하는 아이들이 이지메를 그만두고 인간적으로 거듭날 수 있을 때까지 대응**

이지메당하는 아이들에 대한 대응과 관련한 내용으로는 '생명 및 심신을 확보하는 것이 특히 중요'(3조 3항) 등이 있다. 또한 이지메하는 아이들에 대한 대응과 관련해서는 이미 살펴본 바와 같이 엄벌주의에 경도되는 경향이 있다. 그러나 '이지메를 저지른 아이들의 마음과 고민을 이해하는 입장에서 대응하는 것이 중요하다'는 언급이 문과성의 국회답변에서 등장했으므로, 이에 근거한 합의를 형성하는 일은 충분히 가능하다.

⑤ 유족 등이 진상을 '알 권리' 존중

피해자, 유족 등의 '알 권리'와 관련한 '추진법'의 내용은 이미 언급했다시피 대단히 불충분하다. 따라서 현재 이지메 사건과 관련해서 '필요'한 정보를 '적절'하게 숨김없이 전하는 것이야말로 유족이 가장 '필요'로 하는 일이며, 사건 해결과 재발 방지를 위한 '적절'한 방법이기도 하다는 점에 대해 논의하고, 유족의 '알 권리'를 보장해야 한다는 요구가 대두되고 있다.

학교의 이지메 대책 전담 '조직'을 교직원들의 자유롭고 활달한 대응을 격려하는 조직으로

'추진법'에 따르면, 학교는 이지메 대책을 전담하는 '조직'을 반드시 내부에 설치해야 한다. 지금까지 대부분의 학교에는 이지메 문제에 특화된 상설조직이 존재하지 않았다. 따라서 이것이 전국적으로 만들어진다는 것은 이지메 대책을 진전시키는 일에 긍정적 효과를 줄 수 있다. 하지만 이 '조직'이 관료적이 되어 버린다면, 교직원의 신속한 대응과 창조적 실천을 저해하는 중대한 결점을 초래할 수밖에 없다. 따라서 '조직'의 위상에 대해 각 교직원이 논의를 거듭하는 가운데, 문제 해결에 진정 도움을 줄 수 있는 민주적 '조직'으로 발전시켜 나가야 한다. 이 부분과 관련해 국회 논의과정에서 '학교현장을 중시하고 자율성을 높이'는 것이 '조직'의 주안점이라는 등의 답변이 등장했다는 점은 중요하다. **39**

---

39 '조직'과 관련된 주요 답변 내용을 소개해 보면 다음과 같다.
"이 조직의 중층적 성격 때문에 부담이 되지 않겠느냐는 견해도 있었습니다. 하지만 우리가 이를 '○○협의회' 같은 명칭이 아닌 '조직'으로 부르는 이유는, 지금 오오카 의원께서 지적하셨던 바와 같이 교육현장과 관련되어 있다 보니 교장선생님 이하 전 교직원이 힘을 모아 대처해야 할 사안이기도 하거니와, 기존의 비슷한 조직이 존재하는 경우도 많이 있기 때문입니다. 아울러 교육현장의 부담을 최대한 줄여야 한다는 점 또한 염두에 두고 일률적으로 '○○협의회', 혹은 '대책위원회' 등이 아닌 '조직'이라는 명칭을 사용했던 것입니다. 물론 당연히 의원들뿐만 아니라 아동 등과 그 보호자들에게 있어서도 총력으로 대응한다는 조직의 성격에 대해서도 생각하고 있습니다.

이지메 관련 대응을 진전시키는 데 있어 최대의 장해로 작용할 가능성이 있는 것은 필자가 그 문제점을 거듭 강조했던 엄벌주의와 도덕주의다. 그러나 이와 관련해서도 앞서 언급한 바와 같이 "엄벌화의 의도는 없다", "이지메를 하는 아이들의 고민과 마음을 이해하겠다", "도덕교육 이외의 여러 실천을 조화시켜 대응하겠다" 등의 국회답변이 나왔다. 각 지자체, 학교 등은 이 점을 확인하고, 관계자들의 인식을 보다 풍부하게 하면서 단단히 못을 박아두어야 할 필요가 있다.

'규모가 작은 학교나 인구가 적은 시정촌市町村의 경우 부담이 되지 않겠느냐'는 질문에 답하겠습니다. '심리, 복지 분야의 전문적 지식을 가진 자'란, 문제 해결을 위해 외부 전문가의 도움을 받아 보면 어떻겠느냐는 지적을 수용해 만든 일종의 예시규정입니다. 물론 학교나 지역의 규모에 따라 별다른 전문 인력의 도움 없이 운영이 가능한 경우도 있을 테니, 그것은 또 그것대로 상설의, 교장 이하 전 교직원이 중심이 되는 체제에 맡기는 형태를 취하면 될 것이라고 생각합니다. 이상, 학교의 규모에 따른 경우 등 여러 가지가 있겠지만, 일단 교육현장을 존중하고 자율성을 높이며, 학교가 책임자라는 관점에 기초한 답변이었습니다." 오오카 토시타카大岡敏孝 자민당 의원의 질문에 대한 제안자 츠치야 마사타다土屋正忠 의원의 답변, 2013년 6월 19일, 중의원 문부과학위원회.

40 이 부분과 관련된 조문으로는 '모든 교육활동을 통한 도덕교육 및 체험활동 등의 충실'이라는 부분이 있다. 지나치게 세세한 지적이 될 지도 모르겠지만, '등'이라는 표현이 등장한다는 점을 볼 때 조문에서 언급되는 '도덕교육과 체험활동'은 다양한 방식으로 존재하는 교육활동의 '예시'라는 형태를 띤다.

이처럼 법률의 문제점을 개선하는 가운데 이지메 대책을 보다 진전시키는 일이 중요할 것이다.[40]

'이지메' 없는 학교와 사회를

– 일본공산당의 제안

2012년 11월 28일 발표

'이지메 자살'이 각지에서 일어나는 가운데 많은 사람들이 마음 아파하고 있습니다. 심각해지는 '이지메'를 멈추는 일은 일본사회의 절실한 과제입니다. 일본공산당은 아이들의 생명을 지키고, '이지메' 문제를 해결하기 위해 다음의 제안을 발표하는 바입니다.

오늘날의 '이지메'와 두 가지 사회적 과제

심각해진 아이들의 '이지메'

오늘날의 '이지메'는 인간관계를 이용해 치욕과 공포를

줌으로써 상대방을 마음대로 지배하려는 특성을 지니고 있으며, 경우에 따라서는 아이들을 죽음으로까지 몰아넣는 사건으로 발전하거나 인터넷을 악용한 중상, 상해, 성폭력, 공갈 등의 범죄로도 이어지고 있습니다. 많은 '이지메' 피해자는 그 후의 인생이 뒤바뀌어 버릴 정도의 상처를 받아 어른이 되어서도 공포감 때문에 사회에 나가지 못하는 등 후유증으로 고통받고 있습니다. 따라서 '이지메'는 그것이 어떤 형태를 띠고 있건 간에 인권침해이자 폭력입니다.

게다가 '이지메'는 현재 어떤 학급에서든 일어난다는 말이 나올 만큼 확산되어 있습니다. 서로 비난하는 말들을 주고받거나 '놀이'니 '장난'이니 하면서 남에게 상처 주는 일을 즐기고, 주변에서는 그 모습을 방관하는 이런 풍경이 일상으로 자리 잡게 된다면, 모든 아이의 성장에 어두운 그림자가 드리워질 것입니다.

아이들의 생명을 지켜내고, 교육과 사회를 바꾼다

'이지메' 문제와 관련된 과제에는 여러 가지가 있지만, 그 가운데서도 다음 두 가지에 정면으로 대응해 상황을 타개하는 것이 중요합니다.

첫 번째는, 눈앞의 '이지메'로부터 아이들의 소중한 생명과 심신을 지켜내는 것입니다. 이 부분과 관련해서 아이들을 지키지 못하는 사례가 반복되는 것은 심각한 문제입니다. 그럼에도 불구하고 '이지메'를 해결한 귀중한 실천사례가 각지에 존재하고 있다는 것 또한 중요합니다. 이러한 사례들로부터 교훈을 이끌어 낼 수 있다면, 아이들을 구할 길도 열릴 것입니다.

두 번째는, 근본적인 대책 차원에서 왜 '이지메'가 이렇게까지 심각해졌는지에 대해 생각하고, 그 요인을 제거하는 일입니다. '이지메'의 싹은 어느 시대, 어느 사회에서든 존재했지만, 그것이 너무도 쉽게 심각한 '이지메'로 발전하고 있다는 것에 바로 오늘날의 문제가 있습니다. 교육이나 사회 전반의 문제로 파악하고, 개혁에 착수해야 할 필요성이 대두되고 있는 것입니다.

제안 1

'이지메'로부터 아이들의 생명을 지킨다
– '이지메' 대응의 기본 원칙 확립

'이지메 자살'이 사회문제로 떠오른 지 30년 가까이 지난 지금까지도 아이들을 지켜내지 못하는 사례들이 반복되고 있습니다. '이지메'에 대해 알려도 아무런 조치를 취하지 않고, 그저 '싸움'이나 '트러블' 정도로 취급해 '악수로 화해하기' 정도로 마무리해 버리거나, 심지어 아이가 자살할 경우 아예 '이지메' 사실 자체를 은폐하기까지 하는 등의 잘못된 대응으로 이지메 피해자와 그 가족들은 깊은 상처를 받고 있습니다. '이지메당하는 쪽에도 문제가 있다'면서 인권침해이자 폭력이라는 '이지메'의 특성마저 간과하는 오류가 만연해 있다는 것 또한 경시할 수 없습니다.

하지만 '이지메'를 해결하고, 온갖 난관 속에서 아이들의 생명을 구해낸 경험들 또한 축적되고 있습니다. 이 귀중한 경험들에 대해 배우면서 전국의 학교에 아이들의 생명을 지키기 위한 기본 원칙을 교직원과 보호자들의 손으로 확립해 가는 일이 중요합니다. 이를 위해 우리는 다음과 같은 내용들을 제안하는 바입니다.

'이지메'에 대한 대응을 미루지 않는다

– 아이들의 생명을 우선하는 원칙(안전 배려 의무)을 명확히 한다

'이지메' 관련 상담요청이 있었음에도 불구하고 바쁘다는 이유로 뒤로 미루는 바람에 심각한 결과가 일어나게 되는 사례가 끊이지 않고 있습니다. 학교교육에 있어 가장 중요한 것은 아이들의 생명이라는 마음, 아이들의 안전을 생각하는 마음을 더욱 확고히 해야 할 필요가 있습니다. 요즘 들어 학교 사고 등의 판례를 통해 '학교는 아이들을 맡아 보살피고 있는 이상, 아이들의 안전을 최대한 배려할 필요가 있다'는 학교의 '안전 배려 의무'가 정착되고 있습니다. 인권침해이자 폭력인 '이지메'의 방치 · 은폐가 이 '안전 배려 의무'의 위반에 해당한다는 점을 분명히 하고, 학교와 교육행정의 기본 원칙으로 삼아야겠습니다.

'이지메' 해결은 모두의 힘으로

— 사소해 보이는 것일지라도 주저 없이 모든 교직원, 보호자에게 알린다

'이지메'는 어른들이 알지 못하는 상황에서 이루어지며, 가해자는 물론 피해자조차 '이지메' 사실을 인정하지 않는 경우가 적지 않습니다. 그런 만큼 아이들의 호소라든가 어떤 신호가 있었을 경우, 이미 '이지메'가 대단히 심각한 단계에 와 있는 것이라고 봐야 합니다. 또한 조금이라도 '이지메 아닌가' 하는 생각이 들 경우, 그 즉시 모든 교직원들과 정보를 공유하고 아이들의 생명이 다른 어떤 것보다 우선한다는 원칙에 입각해 대응해야 합니다. '사실 확인 후 보고' 등의 형태로 시간을 끌다가 사태를 악화시켜서는 안 됩니다.

구체적인 부분을 어디까지 이야기할 것인지는 별개로 하더라도 '이지메가 일어났다'는 사실만큼은 모든 보호자에게 즉시 전달하고, 아이들의 상황과 변화를 지켜보며 보호자와 교사가 긴밀한 커뮤니케이션을 취하는 일이 중요합니다. '이지메'가 벌어지고 있다는 것을 모두가 인지하는 가운데, 특히 어른들이 걱정하며 힘을 모으는 모습을 보여 준다면 아이들도 용기를 얻을 수 있습니다.

'이지메' 관련 설문조사는 아이들로부터 신뢰를 받을 수 있는 형태로 이루어져야 합니다. 이를테면 무기명으로 '언짢은 일을 당한 적이 있는가', '급식을 제대로 나눠받지 못한 아이가 있는가' 등과 같이 구체적인 내용을 질문하는 방법이 효과적입니다.

아이들의 자주적 활동 비중 확대 등, '이지메'를 그만두게 하는 인간관계를 형성한다

"운동회를 계기로 아이들이 화합하게 되어 '이지메'가 일어날 것 같은 분위기가 되면 주위에서 '하지 말라'며 말리는 분위기가 되었다"―하나의 목표를 향해 함께 힘을 모으는 경험을 했던 아이들의 성취감과 신뢰관계는 이지메를 없애는 데 큰 힘을 발휘합니다.

그러나 '수업시수 확보' 등과 같은 정부의 정책 때문에 각 학교에서 운동회나 문화제 등에 할애할 시간이 줄어드는 등 자주적 활동의 비중이 줄어들고 있습니다. 이 비중을 높임으로써 수업뿐만 아니라 대등하고 안심할 수 있는 인간관계 형성을 학교교육의 중심에 둘 수 있어야 하겠습니다. 학생회나 학급을 통해 자주적으로 '이지메' 문제를 해결하도록 하는 활동도 중요합니다. 또한 해외에서는 이미 실시하고 있는 '피어 카운슬링' 등의 이지메 방지 프로그램도 참고할 필요가 있습니다.

'이지메'에 대해 가장 잘 알고 있는 건 바로 아이들입니다. '이지메'를 그만두게 하는 데 있어서도 아이들의 말이 가장 큰 효력을 발휘합니다. 또한 많은 아이가 '이지메를 어떻게든 그만두게 하고 싶다'는 생각을 하고 있습니다. 이러한 아이들의 힘을 신뢰하고, 그들 스스로 '이지메'를 그만두게 하는 인간관계를 형성할 수 있도록 도와주어야 합니다. 이를 통해 아이들은 풍요롭게 성장해 갈 것입니다.

피해자의 안전을 확보하고, '이지메'를 그만둘 때까지

가해자에게 확실히 대응한다

이지메당하는 아이들은 실로 생명의 위협에 직면해 있다고 해도 과언이 아닙니다. 따라서 그런 아이들이 학교에서 안심하고 지낼 수 있도록 하는 대응과 더불어 '심신을 희생하면서까지 학교에 올 필요는 없다'고 전함으로써 우선적으로 안전을 확보해줘야 합니다. 하지만 현행 제도 하에서 '이지메' 때문에 등교거부를 하는 아이들과 관련한 대책이란 '적응 지도 교실' 등 지극히 불충분한 것들뿐입니다. 아울러 피해당사자의 마음을 존중하고, 더 나은 환경에서 공부할 수 있도록 의료비와 통학비 등을 지원해줄 수 있는 예산과 시스템 또한 보장되어야 합니다.

이지메를 하는 아이에 대해서는 '이지메'에 대해 반성하고, 더 이상 같은 잘못을 저지르지 않고 인간적으로 거듭날 때까지 철저한 조치와 충분한 케어가 제공되어야 합니다. 이지메를 하는 아이들은 저마다 그러한 상황으로 치달을 수밖에 없었던 고민이나 스트레스를 안고 있습니다. 그 괴로운 상태에 공감하면서 아이 스스로 거듭나는 것을 지원하는 애정이 필요합니다. 또한 엄벌주의는 아이들의 우울한 마음을 더욱 뒤틀리게 할 뿐입니다. 그 밖에 가해자에 대해 이른바 '출석정지조치'라는 것이 내려지는 경우가 있는데, 이 경우에도 출석정지를 당한 아이의 상황을 고려한 또 다른 조치와 케어, 그리고 학습의 보장 등이 이루어지지 않으면 오히려 역효과가 날 수 있습니다. 그러니 신중하게 결정해야 합니다.

아동상담소 같은 전문기관, 임상심리사나 의사 등 전문가, 그리고 피해자 단체 등과 연대하는 것도 중요합니다. 중대한 범죄에 해당할 경우 경찰에 피해신고를 접수하고, 소년법에 따른 갱생의 과정을 밟게 할 수도 있습니다. 그러나 경찰은 아이들의 교육이나 갱생을 담당하는 기관이 아니므로 과도하게 의존하는 것은 올바른 일이 아닙니다.

피해자, 유족의 알 권리 존중

'이지메'가 중대한 사건사고로 발전할 경우 사실조사가 이루어집니다. 또한 피해자나 그 가족들은 그 내용에 대해 알 권리를 가지고 있습니다. 하지만 많은 경우 사실조사가 불충분하다 보니 피해자 쪽에서 볼 때 그 설명은 전혀 납득하기 어렵습니다.

사실조사에서는 재발방지와 더불어 피해자, 유족의 알 권리를 보장하는 것이 필수적입니다. 그중에서도 특히 자살 사건이 일어난 후 진행되는 설문조사의 경우, 유족에게 그 내용을 하나도 숨김없이 전하는 것과 더불어 진상조사 과정에 유족의 참가를 보장해야 합니다. 따라서 아이들의 프라이버시 보호를 이유로 피해자, 유족의 알 권리를 거의 인정하지 않는 행정당국의 태도는 개선되어야 할 것입니다.

지금까지 언급한 것들은 우리의 시안이며, 완성된 내용이 아닙니다. 전국 각지의 학교에서 실제적 대응을 거치는 가운데, 보다 나은 방향으로 발전될 수 있기를 진심으로 기대합니다.

'이지메' 해결에 나서기 위한 조건을 정비한다

－ **교원의 '업무 과중화' 해소, 35인 학급의 실현, 양호교사·상담교사 증원, '이지메' 문제 관련 연수**

일간지 조사에 따르면 일본의 교원 중 7할이 '이지메'에 대응할 시간이 부족하다고 답했다고 합니다. 교원들은 위로부터의 '교육개혁'으로 인해 잡다한 업무가 늘어나 과로사 라인을 넘나들며 일하면서도 정작 중요한 아이들과의 시간이나 수업준비 등에 할애할 시간을 확보하지 못해 고민하고 있습니다. 당연히 '이지메' 대책이 최우선이지만, 이러한 상태 역시 하루빨리 개선되어야 합니다. 교원들 자신의 직접적인 참여가 이루어지는 가운데 과중한 업무를 정리해 '이지메'에 제대로 대처할 수 있는 조건을 마련해 주어야 하겠습니다.

아이들 한 명 한 명에게 신중하게 주의를 기울일 수 있는 소규모 학급을 구성하는 일도 중요합니다. 이를 위해 현재 중단된 상태인 '35인 학급'의 실현을 즉시 단행해야 합니다. '이지메'의 발견이 용이한 입장에 있는 양호교사의 복수 배치 기준 또한 학생 수 800명 이상이라는 현행 기준을 500명까지 낮추고, 인력을 충원해야 할 것입니다. 상담교사도 늘리고, 전문직으로서의 독립성을 보장해야 할 것입니다.

'이지메'가 이렇게까지 심각해진 상황인데도 불구하고, 아직까지 교원들에게는 어떤 독자적 연수의 기회도 주어지지 않고 있습니다. 그 효과가 미미한 다른 관제연수를 줄이고, '이지메' 문제와 관련한 연수를 보장해야 합니다. 또한 그 내용과 관련해서는 문과성이나 교육위원회가 아닌,

교육학회나 소아과의사회 등의 관련학회가 현장교원이나 이지메 피해자 단체 등으로부터 협조를 받아 가이드라인을 작성하면, 이를 참고해 교원들이 스스로 연수를 진행할 수 있도록 해야 합니다.

– '이지메 방지 센터'(가칭) 설립

'이지메'가 교원에게 영향을 미치거나 보호자까지 '이지메'에 가담하는 등, 해결이 지극히 어려운 사례들이 등장하고 있습니다. 이러한 사례와 관련한 상담·대응을 맡는 등, 일본의 '이지메' 대응 센터 역할을 수행해 줄 '이지메 방지 센터'를 정부가 책임지고 설립해야 합니다. 전문적 역량을 가진 의사, 심리전문가, 법률가, 케어 워커Care worker, 교육연구자 등을 영입하는 한편, 이지메 피해단체와의 제휴도 도모해야 할 것입니다. '센터'는 문과성 산하에 설치하지 않음으로써 독립성을 보장해주는 것이 필수입니다. 이와 더불어 아동상담소 등의 확충도 이루어져야 하겠습니다.

– '이지메' 방지의 법제화에 관하여

오늘날의 '이지메'는 심각한 인권침해이자 폭력입니다. 따라서 아이들의 안전과 인권을 보장해주기 위한 법적 정비가 필요합니다. 인권침해와 폭력적 특성을 명확히 하는 '이지메'의 정의, 아이들이 이지메를 당하지 않고 안전하게 살아갈 권리, 학교·행정당국의 안전 배려 의무, 행정당국의 조건 정비 의무, 피해자와 그 가족의 '알 권리' 등을 국민적으로 검토해 명확히 해 둘 필요가 있습니다.

아울러 법령에 의해 아이들의 언동을 감시하거나 엄벌주의를 도입하는 일, 학교에서의 교육활동과 가정의 육아활동에 부당하게 개입하는 일 등은 학교와 가정의 숨통을 조여 오히려 '이지메'를 확산시키는 결과를 낳습니다. '이지메' 문제 해결에 역행하는 이러한 법령에는 단호히 반대해야 합니다.

– **교육행정당국의 '이지메' 대응 개선**

'이지메' 문제를 해결하는 데 있어서 정부와 지자체의 교육행정당국은 특히 적극적으로 자신들의 역할을 수행해야 함에도 불구하고, 얼마 전까지도 은폐 등과 같은 심각한 문제점들을 안고 있었습니다. 이러한 상황을 개선하기 위해 다음 세 가지 방향에서 문제점을 개선할 필요가 있다고 호소하는 바입니다.

첫 번째는, '이지메 반감半減' 등과 같은 수치적 목표설정을 하지 않는 것입니다. 이러한 것들은 교육행정의 상명하달 풍조와 맞물리면서 '이지메 은폐'의 토양으로 작용하고 있습니다. 또한 어차피 특정한 수치를 목표로 설정해 놓더라도 수치 조작이나 은폐가 일어날 가능성이 있다는 것이 명확합니다.

두 번째는, 교직원들을 파편화시키는 교원정책을 재고하는 것입니다. 현재 위로부터의 교원평가, 중간관리직 신설 등이 교원들 간의 연대를 훼손하면서 '이지메' 해결에 필요한 교직원들의 연대와 협력에까지 악영향을 끼치고 있습니다. 하루빨리 개선되어야 할 것입니다.

세 번째는, '이지메' 문제에 대한 위치 설정을 바로잡는 것입니다. 그간 '이지메'는 등교거부 등과 함께 오랫동안 '학생지도상의 문제'로 취급되어 왔으며, 당연히 진지한 대응 또한 크게 이루어지지 않았습니다. 문제의 중요성에 걸맞은 위치 설정이 이루어져야 하겠습니다.

아이들에게 과도한 스트레스를 주는
교육과 학교를 바꾼다

'이지메'를 한 아이들은 종종 '이지메를 하면서 후련해졌다', '비참한 상태에서 벗어나기 위해 누군가를 부정하고 싶었다'고 말합니다. '이지메'는 아이들의 짜증이 발산된 결과라는 측면도 있는 것입니다.

'이지메'가 과거에 비해 심각화·일상화하는 것은 아이들이 강한 스트레스 아래서 예전과는 비교조차 할 수 없을 정도의 짜증을 느끼고 있다는 사실의 반증 아닐까요? 이는 또한 '이지메'뿐만 아니라 최근 다발적으로 일어나고 있는 교내폭력, 교실붕괴, 자해행위 등 아이들의 온갖 우려스러운 행동의 배경으로도 작용하고 있습니다.

경쟁과 관리의 교육, 그리고 아이들

아이들의 스트레스에 대해 생각할 때, 오늘날의 교육

자체가 경쟁적이며 관리적이라는 점을 고려하지 않으면 안 됩니다.

입시경쟁의 대상연령층은 낮아졌고, 보습학원에 다니는 아이들도 십수 년 전의 두 배 가까이 늘어났으며, 전체의 4할에 해당하는 아이들이 '시간 여유가 없다'는 말을 하고 있습니다. 바쁜 일과 때문에 놀 시간도 줄었습니다. 아이들에게 있어 놀이란 심적 해방감을 주는 것은 물론, 친구들과의 트러블을 해결하는 과정을 통해 인간관계를 배울 수 있는, 없어서는 안 될 어린 시절의 경험입니다. 이러한 경험의 기회가 줄어들고 있다는 것은 심각한 문제입니다.

여유 없는 생활과 경쟁은 사람들을 파편화하고 고립시킵니다. 적지 않은 아이들이 '친구들에게 속내를 털어놓을 수 없다', '친구들과 함께 있으면 계속 나름의 캐릭터를 연기해야 해서 피곤하다'며 호소하고 있습니다. 또한 늘 타인의 평가를 신경 써야 하는 환경이기 때문에 '있는 그대로의 내 모습이 좋다'고 안도하기도 쉽지 않습니다. 이렇듯 아이들에게 자기긍정의 감정이 대단히 부족하다는 사실도 무척 우려되는 점입니다.

국내에서 진행된 조사에 따르면, 아이들에게 스트레스를 주는 가장 큰 요인은 '공부'라고 합니다. 경쟁교육에서의 공부는 일찍부터 아이들을 '뛰어난 아이'와 '뒤처지는 아이'로 나누어버리기 때문에 많은 아이가 열패감에 사로잡힐 수밖에 없으며, '앎의 기쁨'이나 함께 배우는 보람도 느끼기 어렵습니다. 게다가 얼마 전부터 실시되기 시작한 '학력향상' 정책으로 시험이 끝없이 반복되고, 여름방학까지 줄여가며 수업이 진행되는 등 아이들에게 극도의 스트레스가 가해지고 있습니다.

또한 경쟁교육과 일체화된 관리교육은 아이들의 여러 가지 문제행동들을 위로부터 억누르고 있습니다. 최근 '무관용주의' 원칙에 입각한 정책이 각지에 도입되고 있는 것은 그 한 예입니다. 하지만 아이들이 '나쁜 일'을 하는 것은 뭔가 나름의 고민이나 사정이 있기 때문입니다. 그런 고민이나 사정에 대해 제대로 들어보지도 않고 일단 부정부터 한다면, 아이들은 결국 마음속에 증오의 감정을 품게 됩니다.

'이지메 사회'와 아이들

　사회적 변화에 시선을 돌려 보면, 일단 1990년대 후반부터 등장한 '구조개혁'으로 인해 국민들 사이에 '빈부 격차'가 급속도로 확대된 것이 중대한 문제입니다.

　경쟁원리가 노동과 사회의 각 분야에 침투해 인간적인 연대가 약화되고, 사회적으로 약자의 입장에 서 있는 사람들이 공격받는 풍조가 강해졌습니다. 아울러 약육강식의 사회를 정당화하기 위해 경쟁에서 패배한 쪽이 나쁘다는 논리를 강요하는 '자기책임론'도 확산되고 있습니다. 심지어 문화면에서도 연예인을 괴롭히거나 곤경에 빠뜨림으로써 웃음을 유도하는 조소적이고 폭력적인 요소가 트렌드로 등장하게 되었습니다.

　이러한 사회적 분위기가 '이지메 사회'의 경향성을 강화하고 있는 것 아닐까요. 아이들의 '이지메'가 심각해지는 것은 그러한 현상을 반영하고 있는 것에 다름 아닙니다.

　빈부 격차의 확대는 아이들의 생활기반인 가정을 직격했습니다. 현재 '빈곤선Poverty line'[41] 이하의 가정에서 생활하는 아이들의 비율은 전체의 15%, 총 35개국의 선진공업국 가운데 9번째에 해당하는 위치입니다. 부모들의 여유가 없어지고, 가정의 기능이 약해지고 있다는 것은 아이들의 입장에서 보면 대단히 고통스러운 일입니다. 게다가 부모들은 경쟁교육과 육아에 있어 '자기책임'을 강조하는 사회적 풍조로 인해 극도의 불안감을 느끼고 있습니다. 그러한 이유로 아이의 시험성적에 과도하게 집착하는 등의 경향 또한 생겨나고 있는 것입니다.

아이들이 더불어 사는 기쁨을 느낄 수 있는 교육과 사회를

무럭무럭 자라나야 할 많은 아이가 마그마와 같은 짜증 속에서 강한 고립감에 휩싸여 있는 현실은 지금까지의 경쟁적인 교육제도와 경제·사회가 결국 아이들의 성장과 양립할 수 없게 되었다는 것을 시사해 줍니다. 이러한 틀을 탈피해서 아이들이 더불어 사는 기쁨을 느낄 수 있는 교육과 사회를 만들기 위해 우리는 다음 세 가지를 제안하는 바입니다.

---

41 육체적 능력을 유지하는 데 필요한 최소한도의 생활수준. 빈곤률을 가늠하는 기준이 된다. (※ 역자 주)

– 아이들의 목소리에 귀 기울이고 사회참여를 보장함으로써 성장을 지원하는 사회와 교육을

아이들이 느끼는 짜증과 고립감의 이면에는 '나답게 살고 싶다', '속내를 털어놓고 대화할 수 있는 친구가 필요하다', '삶의 어려움을 받아들이고 싶다'는 긍정적인 바람과 날카로운 정의감이 자리 잡고 있습니다. 이런 긍정적인 힘들을 끌어내 줄 때, 아이들은 스스로 훌륭한 성장을 할 수 있는 것입니다.

이를 위해 아이들의 목소리에 귀 기울이고, 그들의 사회참여를 보장하는 것이 중요합니다. 세계적 추세를 살펴보더라도 어린이 권리 조약의 정신에 입각해 학생들이 학교의 운영에 참가하는 등, 아이들의 사회참여가 큰 물결을 이루고 있습니다. 사회적으로 자신들의 목소리를 낼 수 있는 환경의 아이들은 자기긍정감을 심화하는 가운데 더불어 사는 기쁨 속에서 성장할 수 있습니다. 이러한 교육과 사회가 어른들의 인간관계 또한 풍요롭고 평화롭게 해주는 것 아닐까요?

– 하루라도 빨리 경쟁적 교육제도로부터 탈피를

일본의 경쟁적 교육제도는 헌법의 정신을 어기고 1960년대 무렵부터 만들어져 자민당 정치에 의해 더욱 강화되어 왔습니다. 이러한 교육제도는 고교입시의 존재와 1점 차로 당락이 결정되는 대학입시 등 다른 나라에서 그 유례를 찾아보기 힘든 양상을 가지며, 아이들의 창의력과 사고력을 저하하는 폐해로 인해 국제적으로 통용될 수 없다는 한계를 드러내고 있습니다. 이에 UN어린이권리위원회도 거듭 '과도하게 경쟁적인 교육제도'의 개선을 권고하고 있습니다. 과도한 경쟁교육으로부터 탈피해 모든 아이의 능력을 신장시키기 위한 교육과 학교제도의 방향을 모색하는 국민적 논의를 호소하는 바입니다.

– '이지메 사회'에 맞서 인간적 연대가 이루어지는 사회로

동일본대지진은 우리 모두에게 서로 돕고 연대하는 것이야말로 인간다운 일이라는 사실을 다시금 확인시켜 주었습니다. 인간의 존엄을 짓밟는 정치나 경제·사회에 대한 국민적 비판은 '탈원전', '빈곤퇴치' 등 다양한 운동과 새로운 정치를 모색하는 움직임으로 나타나고 있습니다. 이러한 어른들의 모습을 보면서 아이들은 내일의 희망을 갖게 됩니다.

아이들의 문제에 대해 학교, 지역, 사회 등 각 분야가 소통하면서 '이지메' 없는 학교와 사회를 만드는 연대를 넓혀갈 것을 진심으로 호소하는 바입니다.

《신문 아카하타》 2012년 11월 29일 자

이지메 문제 법제화에 대한
일본공산당의 견해

2013년 6월 3일, 일본공산당 국회의원단

현재 국회에서 이지메 문제에 관한 각 당의 협의가 진행되고 있습니다.

　일본공산당은 지난해(2012년) '이지메 없는 학교와 사회를'을 발표하고 (1) 눈앞의 이지메로부터 아이들의 소중한 생명과 심신을 지켜내기 위한 대응 (2) 근본적 대책으로서 이지메의 심각화를 교육과 사회 전반의 문제로 파악하고, 그 개혁에 착수하는 대응 등을 주창했습니다. 이 제안에는 이지메 방지에 관한 법제의 정비를 검토해야 한다는 내용도 포함되어 있습니다. 우리는 아이들의 행복을 최고의 가치로 두고, 아이들의 안전과 인권을 보장하는 법률을 국민적 검토를 거쳐 만들어내기 위해 노력하고 있습니다.

그러나 지금 국회에 제출되어 있는 자민당·공명당 안과 민주당·생활의 당·사민당 등의 3당 안에는 원칙적으로 도저히 간과하기 힘든 내용들이 포함되어 있습니다. 또한 이에 대해 우리뿐만 아니라 적지 않은 관계자가 우려하고 있기도 합니다. 이러한 문제점에 대해 솔직하게 지적하고, 우리의 제안을 말씀드리겠습니다.

1. 자민당·공명당 안 등의 간과하기 힘든 문제점

(1) 법률을 통해 아이들에게 명령하고, 의무를 부과하는 문제

이지메는 성장하는 과정에서 어떤 아이라도 일으킬 수 있는 문제이며, 기본적으로 교육적 활동을 통해 해결해야 합니다. 법률에서 '이지메를 금한다'고 규정하고, 아이들을 복종시키는 방식은 사회가 아이들에게 취해야 할 태도가 아닙니다.

그럼에도 자민당·공명당 안은 '아동 등은 이지메를 하

면 안 된다'고 정해놓고, 그러한 명령을 강요하는 대응을 취하려 하고 있습니다. 그리고 3당 안은 '어떤 사람(아이들을 지칭)도 아동·학생 등을 이지메해서는 안 된다'면서 이지메 방치의 금지 및 통보·상담 등에 노력할 의무를 아이들에게 부과하고 있습니다.

법률로 정해야 할 것은 아이들의 의무가 아니라 이지메 없이 안심하고 살아갈 수 있는 아이들의 권리와 그 권리를 지키기 위한 어른들의 의무입니다.

(2) '도덕주의' 강화의 문제

자민당·공명당 안은 '도덕교육'을 이지메 대책의 중요한 축으로 삼고 있으며, 3당 안은 '도덕심'을 이지메 대책의 '기본이념'의 하나로 규정하고 있습니다.

우리는 시민도덕Civic virtues의 교육을 중시합니다. 이는 교육과 아이들, 그리고 보호자 등의 자주적·자발적 노력으로 결실을 맺을 수 있는 것이며, 법령을 통해 위로부터 강요하는 방식은 오히려 역효과를 낳을 수 있다는 관점에 기초한 것입니다. 또한 아이들의 구체적 인간관계에서 기

인한 이지메를 방지하는 일의 중심에 도덕교육을 위치시키는 방식은 이미 파탄에 직면한지 오래입니다.

사회문제로 떠오른 이지메 자살사건이 일어난 시가 현 오쓰시립중학교는 시내에 단 하나뿐인 정부의 도덕교육추진 지정 학교였습니다. 당시 이 시의 제3자 조사위원회는 '도덕교육의 한계'에 대해 지적하고, '오히려 학교현장에서 교원들이 힘을 합쳐 여러 가지 창조적인 실천을 거듭해야 할 필요가 있다'고 보고했습니다. 위로부터의 '도덕교육' 강요로 인해 '교원들의 협력으로 이루어지는 창조적 실천'이 훼손될 수 있다는 것입니다.

(3) '엄벌화'의 문제

자민당·공명당 안에는 이지메를 하는 아이들에 대한 '징계'를 강조하는 가운데, 신중하게 선택해야 할 '출석정지'를 남발하게 될 가능성이 농후한 내용이 담겨 있습니다.

그러나 이지메를 한 아이들에게 정말 필요하고 효과적인 것은 그들이 이지메로 치닫게 된 사정을 들어주는 한편, 이지메를 그만두고 인간적으로 거듭날 수 있도록 애정을 갖고 지원해주는 일입니다. 법률에 의한 징계를 강화, 강제하는 방식은 아이들의 우울한 마음을 더욱 뒤틀리게 만들고, 아이들과 교원들 사이의 신뢰관계를 무너뜨려 이지메 대책에 악영향을 끼칠 뿐입니다.

(4) 피해자, 유족 등의 진상을 '알 권리'가 애매하다는 문제

이지메 사건의 은폐는 국민적 분노의 대상이며, 신속한 근절이 요구되는 문제입니다. 따라서 하루빨리 피해자, 유족 등의 진상을 '알 권리'가 법적으로 명확히 규정되어야 합니다. 그러나 자민당·공명당 안은 이 문제에 대해 일체 언급하지 않고 있으며, 3당 안에서는 사안의 해명과 피해자에 대한 적절한 정보 제공 등과 관련해 개인정보의 보호라는 관점에서 문과성 대신이 '정보의 취급에 관한 방침을 정한다'고 애매하게 언급하고 있습니다.

(5) 가정에 대한 의무부과의 문제

자민당·공명당 안은 보호자에게 '규범의식을 기르기 위한 지도'의 의무를 지우고 있습니다. 그러나 이러한 가정교육은 자주적으로 이루어져야 하며, 법률로 규정해 강제할 때는 심각한 문제가 됩니다. 또한 3당 안은 이지메로 의심되는 정황이 포착될 경우 '즉각적으로 해결을 위한 행동에 나설 것' 등을 보호자에게 의무지우고 있습니다. 이러한 대응은 상호계발의 과정 속에서 자발적으로 이루어질 때에야 비로소 힘을 갖게 되는 것입니다. 그럼에도 법률로써 의무를 부과하고, 경과를 체크하는 식의 방식을 취한다면, 가정은 숨 막히는 곳이 되어버리고 말 것입니다.

2. 법제화를 위한 일본공산당의 제안

우리는 위에서 지적한 문제들을 해결함으로써 이지메 관련 법률이 진정 아이들의 안전과 인권을 보장한다는 취지를 실현할 것을 진심으로 촉구하는 바입니다. 또한 이를 위해 일본공산당 차원에서 다음 내용들을 제안합니다.

(1) 이지메는 인권침해라는 것.

(2) 헌법과 어린이 권리 조약에 근거해 아이들은 이지메 없이 안심하고 살아갈 권리가 있다는 것.

(3) 학교와 교육위원회를 비롯한 행정당국의 아이들에 대한 안전 배려 의무.

(4) 교육의 자주성을 존중하고, 아이들의 생명을 우선시하는 가운데 이지메에 기민하게 집단적으로 대응해야 할 학교의 책무.

(5) 이지메를 하는 아이들과 관련한 대응의 기본을 이지메를 그만두고, 인간적으로 거듭날 수 있도록 하는 철저한 조치와 케어에 둘 것.

(6) 은폐를 근절하기 위해 피해자, 유족 등이 진상에 대해 '알 권리'를 보장할 것.

(7) 이지메 피해자에 대한 의료 · 교육적 예산조치, '35인 학급' 실현, 양호교사 및 관련인력 증원 등 행정당국에 교육 여건의 정비를 의무지울 것.

(8) 지극히 심각한 이지메 사례에 대응하기 위해 정부차원에서 '이지메 방지 센터'(가칭)를 설립할 것.

3. 당파를 초월해 당사자 등의 의견을 듣고, 이지메 문제 해결과 법안 만들기에 활용

이지메 문제의 해결을 위해서는 일단 이지메 문제의 당사자, 관계자들로부터 의견을 들어본 후, 넓은 시각을 가지고 협의·심의 등을 진행하는 일이 중요합니다. 국회에서 당파를 초월해 이지메 피해자 단체, 교직원·보호자 등 교육 관계자, 변호사, 의사, 연구자 등의 지견을 듣고, 이를 이지메 문제 해결과 법안 만들기에 활용할 것을 제안하는 바입니다.

또한 그 과정에서 경쟁교육과 관리교육, '이지메 사회'의 경향 강화 등 이지메 심각화의 배경에 자리 잡고 있는 문제들을 해결하기 위한 논의를 전개할 것을 제안합니다.

《신문 아카하타》 2013년 6월 4일 자

옮긴이의 말

1.

전국을 공포에 떨게 한 중동호흡기증후군(MERS) 사태가 진정국면에 접어들던 지난 7월 1일, 경기도 양주시의 중학교 3학년 여학생이 '부모님에게 죄송하다'는 휴대전화 메시지를 남기고 아파트 베란다에서 뛰어내렸다.

그녀의 아버지가 사건의 진상 조사를 요구하며 관할 경찰서에 제출한 진정서에는 반 친구들의 따돌림으로 괴로워하던 딸이 친구와 SNS로 나눈 대화 내용과 '학교가 장례식에 참석한 학생들의 입단속'을 했으며 '운구차가 학교를 방문했을 때 행렬에 참가하지 못하도록 유도했다'는 주장 등이 담겨있었다.

전형적인 '이지메 자살'.

참담한 이야기지만, 이는 우리에게 그리 낯선 풍경이 아니다. 고작 2년 전 부산광역시에서 관할 교육청에 '(집단

따돌림) 문제가 해결됐다'는 보고가 올라간 지 3개월 만에 '죄송해요. 또다시 외톨이가 될까봐…'라는 유서를 남기고 빌라 3층에서 뛰어내린 동갑내기 여학생의 사례가 무척 오래된 이야기처럼 느껴질 정도로.

더욱이 심각한 문제는 이러한 문제가 '살아남은 아이들'에게도 단지 '중고등학교 시절의 돌이키고 싶지 않은 기억'의 수준에서 마무리되지 않는다는 점이다.

그렇게 각자 이지메의 가해자, 피해자, 혹은 방관자의 역할을 고루 '체험'하며 자라난 아이들이 장애를 가진 동급생을 기숙사에 가둬놓고 집단폭행에 성희롱까지 하는 대학생, 군복무에 어려움을 겪는 동료를 학대해 사망에 이르게 하거나 총기난사 사건 용의자로 만들어버리는 군인, 연구실 학생을 폭행하고 인분까지 먹인 혐의가 분명함에도 뻔뻔스레 '제자의 발전을 위해서였다'고 변명하는 교원 등으로 성장해, 전 사회적인 '폭력의 연쇄 사슬'을 더욱 공고화하고 있기 때문이다.

2.

어떻게 이 악순환의 고리를 끊을 수 있을까?

모의고사 평균점처럼 아이들의 인성수준을 끌어올릴 수 있다는 '맹신'에 근거한 '도덕교육'으로? 문제의 근본적인 해결을 도모하기보다 '경찰 신고와 형사적 제재'만을 극단적으로 강조하는 '엄벌주의'로?

일본 전역에 30만 명이 넘는 당원과 2,800명이 넘는 지방의원을 거느리고 다양한 실천을 통한 진보적 교육정책 노하우를 축적해온 일본공산당(일본공산당은 최근 전통적인 지방의회에서의 강세와 더불어 국회 의석도 세 배 가까이 늘리는 기염을 토하고 있다.) 문교文教위원회 소속의 교육전문가로 평생 열도의 교육현장을 누벼온 저자 후지모리 다케시는 이와 같은 '이지메 문제 해결의 전통적 해법'에 대해 정면으로 반론을 제기한다.

국가가 어떤 합의 없이 일방적으로 '올바른 도덕'의 내용을 정하고, 이를 배우도록 하는 톱다운Top-down 방식의 도덕교육보다, 아이들에게 민주주의사회의 기본적 인권관人權觀에 입각한 '인간적 모럴Moral' 자체를 형성시켜 주는 일이 중요하다는 것이다.

　아울러 가해자들로 하여금 인간적으로 거듭날 수 있도록 도와주는 것이 아니라 단순히 '나쁜 아이니까 응당 벌을 받아야 한다'는 '엄벌주의'를 기계적으로 적용시키려는 태도에 대해서도 비판한다. 아이들이 악행을 저지르게 된 데에는 그들이 올바르게 성장할 수 있는 환경을 제대로 조성해주지 못한 사회의 책임도 있다는 것이다.

3.

《이지메 해결의 정치학》은 이렇듯 이지메 문제의 중심에 바로 '이지메 사회'와, 이를 부채질하는 '경쟁교육'이 자리잡고 있음을 환기하는 한편, '교육과 아이들, 그리고 보호자 등의 자주적·자발적 노력'을 강조한다는 점에서, 이지메 문제를 일소하기 위해 단기적으로 학교에 경찰을 투입하고 가해자들에게 '학교법'이 아닌 일반 시민사회와 같은 기준의 법률을 적용해야 한다고 주장하는 메이지明治대 교수 나이토 아사오內藤朝雄(한국의 언론출판계 일각에서 그는 종종 '이지메학의 정립자'라고 불린다)의 베스트셀러《이지메의 구

조》의 극단론을 극복함으로써(특히 이 부분과 관련해서, 《이지
메 해결의 정치학》은 경찰은 수사기관일 뿐, 아이들을 보살피고 갱
생시키는 능력까지는 갖고 있지 않다는 사실을 강조한다), 출간 당
시 많은 독자의 반향을 불렀다.

기우일지도 모르겠지만, 혹시 《이지메 해결의 정치학》
이라는 책의 제목만을 보고, '왜 교육현장의 문제를 정치적
문제로 비화시킬까' 하는 반감을 갖는 분들이 계실지도 모
르겠다.

하지만 우리가 인정하든 그렇지 않든, 교육감 선거 때
마다 전 국가적으로 열띤 논쟁을 벌이면서도, 시간이 지나
면 언제 그랬냐는 듯 늘 비슷한 종류의 문제들이 끊이지 않
고 일어나는 한국이라는 나라에서, 교육 현장이라는 공간
적 배경을 가진 이지메 문제는 분명 '정치적'인 성격을 지
니고 있다.

따라서 '이지메 심각화와 관련 대응' 역시도 결국 '정치
적'일 수밖에 없다는, 그런 이유로 문제의 궁극적인 해결을
위해 '(어떤) 권력의 지배에 저항하는 정치'라는 '새로운 관
점'이 필요하다는 견해에 입각해 해법을 모색하는 이 책은

비단 교육관계자들 뿐만이 아니라 한국사회의 오늘을 살아가는 독자들에게 많은 시사점을 던져줄 것이다.

4.

《이지메 해결의 정치학》을 번역·출판하는 과정에서 나는 한일 양국의 많은 분에게 신세를 졌다.

동북아시아의 영구적 평화를 위한 한·일 두 나라 국민의 민간차원 교류를 위해 필자의 작업을 아낌없이 후원해주시는 시이 가즈오志位和夫 일본공산당 중앙위원회 위원장, 늘 따뜻한 격려를 아끼지 않으시는 오가타 야스오緒方靖夫 일본공산당 중앙위원회 부위원장, 선배 저널리스트로서 수십 년에 걸친 《신문 아카하타》 특파원 생활을 통해 축적된 경험을 바탕으로 많은 가르침을 주시는 모리하라 키미토시森原公敏 일본공산당 중앙위원회 국제위원회 부책임자, 《신문 아카하타》 모스크바 특파원으로 활약하다 현재는 일본공산당 중앙위원회에서 필자에게 많은 지원을 해주고 계시는 다가와 미노루田川実 일본공산당 중앙위원회 국제위원회 사무국장, 믿음직한 선배 저널리스트이자 늘 무한한 신뢰와 동지애로 큰 힘을 주시는 나카소 코우이치中祖寅一 《신문 아카하타》 정치부 부부장, 언제나 가장 가까운 자리에서 필자가 능력에 부치는 막중한 책임에 힘겨워할 때마다 형제의 무한한 사랑으로 용기를 북돋아 주시는 다도코로 미노루田所稔 신일본출판사 대표이사 사장 겸 편집장, 좋은 책을 써 주시고 바쁜 일과를 쪼개어 열정이 묻어나는 한국어판 서문까지 보내주신 이 책의 저자 후지모리 다케시 씨, 한 학기 동안 사회적 배제와 포섭에 대해 깊이 생각할 수 있는 계기를 마련해주신 이치노카와 야스타카市野川容孝 교수와 평생의 은인이자 존재만으로 큰 힘이 되는 의형義兄 시미즈 다카시清水剛 교수 등 도쿄대학의 스승들, 그리고 언제나 필자의 의견을 주의 깊게 들어 주고 저널리스트로서의 글쓰기에 새로운 지평을 열어갈 수 있도록 도와주시는 하타노 슈이치羽田野修一 월간 《게이자이経済》 편집장, 그간 많은 작업을 함께해 왔고, 앞으로 더 많은 작업들을 함께 해나갈 나름북스의 김삼권, 조정민, 최인희 세 동지들, 소중한 친구이자 동업자이며, 늘 헌신적 우정으로 나를 이끌어 주는 양헌재良獻齋 서재권 대표, 마지막으로 이 책의 실

질적 주인인 한국과 일본 두 나라의 출판 노동자 여러분께
이 지면을 빌어 진심어린 감사의 마음을 전한다.

2015년 7월 20일

도쿄대학 교정에서

홍상현

이지메 해결의 정치학
296